华为狼性管理丛书

华为

郭楚凡 著

华为狼性营销

SPM
南方出版传媒
广东经济出版社
·广州·

图书在版编目（CIP）数据

华为狼性营销／郭楚凡著．—广州：广东经济出版社，2020.5
（华为狼性管理丛书）
ISBN 978－7－5454－6639－3

Ⅰ．①华…　Ⅱ．①郭…　Ⅲ．①通信企业—企业管理—营销管理—经验—深圳　Ⅳ．①F632.765.3

中国版本图书馆 CIP 数据核字（2018）第 298778 号

责任编辑：郑秋瑛
责任技编：陆俊帆

华为狼性营销
HUAWEI LANGXING YINGXIAO

出版人	李　鹏
出　版 发　行	广东经济出版社（广州市环市东路水荫路 11 号 11～12 楼）
经　销	全国新华书店
印　刷	佛山市迎高彩印有限公司 （佛山市顺德区陈村镇广隆工业区兴业七路 9 号）
开　本	730 毫米×1020 毫米　1/16
印　张	15
字　数	230 千字
版　次	2020 年 5 月第 1 版
印　次	2020 年 5 月第 1 次
书　号	ISBN 978－7－5454－6639－3
定　价	49.80 元

图书营销中心地址：广州市环市东路水荫路 11 号 11 楼
电话：（020）87393830　邮政编码：510075
如发现印装质量问题，影响阅读，请与本社联系
广东经济出版社常年法律顾问：胡志海律师

前言

笔者曾在华为市场部工作多年，对华为的市场营销情况较为了解，离开华为后，在一些研究与咨询工作中也对华为的营销有过更为深入的研究。在华为市场部工作期间，也参与过很多产品的营销工作。在工作中，笔者充分感受到了华为对产品和服务的严格要求，正因为这样，华为的营销人员在面对客户时有足够的底气做出承诺。

从笔者的亲身经历与研究来看，华为之所以能从一个默默无闻的小公司发展壮大成为今天的全球化公司，华为的企业文化功不可没。这一点也深深地影响了华为的营销，本书之所以将华为的营销称为狼性营销，就是因为华为的营销也是华为狼性文化的一部分。华为人在营销过程中的进取精神、团队精神，都与狼群作战时表现的精神有着相同之处。

华为的营销人员从来都不是一个人在战斗，而是团队作战，有整个公司，甚至是整个产业链作为支撑，确保营销人员向客户推销的产品能够帮助客户实现商业成功，并且实现对客户的承诺，这也是华为营销成功的重要原因。

华为的营销人员对于推广华为产品也做出了巨大贡献。在华为起步阶段，营销人员在没有任何优势的情况下，完全凭借自身毅力和对客户的真诚拿下了很多看似不可能赢得的订单，为华为的发展积累了资本。华为营销人员对客户坚持不懈的精神也一直保留到了今天，在本书中，读者从诸多案例中就可以看出，华为人是如何坚守客户、打动客户，一步步取得客户信任的。

在笔者看来，华为营销人员身上的特质，也是其他企业的营销人员所应具备的特质。营销人员是企业直接面向客户的群体，在客户面前，他们代表的就是企业的形象，如果没有坚持，没有对客户的虔诚，就难以使客户对企业产生信任感。营销工作最重要的就是销售产品，营销人员的重要任务之一就是要建立和维护好客户关系，不断挖掘新的客户，并与老客户保持联系。所以，营销人员的素质提升对产品的销售有着非常重要的作用，笔者也希望通过本书能够让从事营销工作的读者有所启发，帮助读者提高自身素质，成为一名出色的营销人员。

从华为的经验中，笔者也发现，企业不能只加强对营销人员的培养。从本书中，读者可以发现，华为营销的成功，还在于华为有完善的营销管理系统，并且有一套完善的产品质量管理体系，这些也都是营销成功的必备因素。学习华为的营销，还要了解华为的发展历程，以及华为是如何对待客户与合作伙伴的关系的。

本书共分为 9 章，从营销团队建设、为客户创造价值、客户管理、品牌推广等方面较为全面地展示了华为狼性营销的方法。本书中所写内容，都是笔者积累的实践经验以及对华为营销理论的理解。这几年华为的营销模式虽有些变化，但是一些原有的方式仍保留了下来。对待这些变化，笔者一直密切关注着，并且经过与团队仔细研究，确保本书的内容能够赶上华为营销变化发展的步伐。

最后，还要感谢我的合作伙伴刘芳老师在课题研发过程中辛苦付出。衷心地希望本书能给广大读者朋友的工作带来帮助。如果您发现书中有不足之处，还请提出宝贵的意见和建议。

郭楚凡

2019 年 9 月

目录

第1章 一线指挥炮火

华为营销策略的制定都是围绕『以客户为中心』这一核心价值观展开的。谁最接近客户，并拥有敏锐的嗅觉，在面向客户时才能成为决策者。华为的『中央集权』已逐渐成为过去式，权力开始下放至听得见炮声的一线，以团队分工合作的形式尽最大可能满足客户需求。

1. 让听得见炮声的人指挥炮火

在市场竞争中，企业需要掌握市场变化、客户需求、对手动态等一定信息量，以便对企业的产品和服务及时做出调整和改进，增加其在市场上的竞争力。这样看来，企业能否及时、准确地掌握市场信息对企业的成败十分关键，应该说长期接触市场，并且善于观察和收集信息的员工才能胜任这份工作。因为他们能够听得见市场中战争的炮声来自何处，也是最有能力去指挥炮火的人。为了让他们能够集中精力去指挥炮火，企业就该认真考虑，是否要在这些听得见炮声的地方设立指挥所。

“让听得见炮声的人指挥炮火”，是任正非根据市场变化的新需求提出的，意在让最接近市场的华为人去做决策，打造精兵化的组织，以防止华为组织僵化对市场开拓产生不利影响。这几年来，华为也在积极变革组织管理形式，让听得见炮声的一线员工能够在工作中发挥更大的自主性。

1.1　未来的战争是班长的战争

企业在发展初期技术不够先进，财力不够雄厚，人员素质也比不上一流的大企业，为了增强实力，提高在竞争中的优势，企业不得不采取人海战术，集中精力去抢占市场。在这种形式下，为了管理好庞大的作战团队，企业通常会采用中央集权式的管理。随着企业的实力增强，市场要求越来越高，企业变革作战方式势在必行。如果继续采用人海战术，不去提高人员的素质和战斗力，企业做事的效率就无法提高，高昂的人力和管理成本也会增加企业的负担。

在现代战争中，所采用的作战方法与以往已有很大的不同。在战争中，主角不再是过去以师、团为单位的大部队，也不是某位出色的将领，而是以连、排为单位，甚至是以班为单位的小队伍。组成小队伍的士兵，都是受过严格训练、具很强战斗力的人。在战争中，士兵可以通过现代高科技的军事产品，如卫星定位仪器、激光指示器、飞机群、航母集群，甚至是大数据等来与敌人战斗。在这些小分队中，也会有一个领导，即班长，担任这个职位的人也必须要有专业的作战指挥技能和决策力。

任正非是军人出身，这使得他能够敏锐地从现代战争的作战方式中领悟到，企业在未来的竞争中也将是班长的战争。以前千军万马上战场的作战方式已经不适应现在市场发展的趋势，必须改变作战方式才能提高作战效率。

以班为单位的作战团队在深入战场时，能够以更加灵活的策略取得胜利。现代战争不是人越多就越有优势，而要看装备、人员素质等。企业管理也是如此，有高科技、高质量的装备的支撑，加上高素质的小团队，才能在竞争中避免出现决策混乱，轻装上阵，才能以更灵活的方式击破在市场中遇到的障碍。

通过以上内容的介绍，对“班长的战争”这一新的作战方式有了一个大致的了解。如果想要更加准确地将这一理念描述出来，我们可以从任正非2014年在华为人力资源工作汇报会上的讲话中有一个更为清晰的了解：

“‘班长的战争’这个理念应该这么来看，大规模人员作战很笨重，缩小作战单位，更加灵活，综合作战能力提升了，机关要更综合，决策人不能更多。让组织更轻、更灵活，是适应未来社会发展的，也是我们未来组织改革的奋斗目标。”

对于企业来说，“让听得见炮声的人指挥炮火”，就是要一线的员工在班长的带领下，在竞争中发挥引领作用。这些深入市场的人，是最清楚市场形势的人，可以更快、更准地抓住机会，在企业后方平台的支持下取得成功。

在“班长的战争”中，班长要加强业务能力，小团队成员也要在自己不擅长的领域寻求帮助。华为还会对在呼唤和指挥炮火中表现优异者给予各种奖励，以激发他们的工作热情，让“班长的战争”能够像军队的现代化作战一样具有极强的战斗力。

2014 年，华为与拉美地区 AM 集团最大子网 Telcel 签订了无线搬迁项目合同，这是当时华为在拉美地区最具挑战、规模最大的项目。项目开始时，由于客户不信任，配合度不高，第一个城市线网搬迁速度很慢。

为确保第一个城市的成功搬迁，张华（化名）急赴搬迁现场指挥。到了现场，他才发现项目组成员根本没感受到压力，合作方的作业人员也十分悠闲。为了做到所有人都能“力出一孔”，张华想到要及时激励他们，以快速调动他们的工作积极性。第二天，张华就向项目组正式宣布了及时激励标准。也就在宣布的当天，项目组成员的工作热情立即被激发，有一名员工甚至主动提出来希望能承担更多的工作，得到更多的机会。搬迁开始后，在项目的 WhatsApp 进展群里，不断有这名员工的消息刷新，而他也快速完成了任务。第三天，项目组就对这名员工进行了及时奖励，并在内部大力宣传。这使大家受到鼓舞，所有人的积极性都被调动起来，准时、有序地完成了第一个城市的搬迁。在接下来的搬迁中，项目组决定将项目奖励作为有效的激励手段，在项目进行中就根据项目组成员的实际贡献及时评定奖金。

这些激励手段使得项目组成员士气大增，项目型组织的推行，也让项目组有了更多的权力进行决策。事后，张华回忆道，作为一名班长，就应该敢于突破传统思维和交付模式，以客户需求为中心，实现价值交付。

班长作为一个团队的指挥人，就有责任调动成员的工作积极性，让员工能及时发现客户需求，并尽最大的努力去完成。同时，企业也要给予班长一定的权限，比如案例中班长能够自行决定给予员工及时奖励，这让班长在指挥中更有威信，也能达到理想的效果。

任正非近几年多次对华为人强调要打“班长的战争”，因此，华为一直在加强对人力资源模型的优化，加强对直接面对客户和市场的员工的培养，让他们对“班长的战争”这一新的作战方式有更加深刻的理解。华为还提出要严格选拔“班长”，让指挥作战的人能够担得起这个责任。因为班长作为指挥人，对炮火打击是否精准负有直接的责任，所以具有担任班长资格的人也应该是精英中的精英。小团队的每位成员都肩负着重要的责任，因此也要善于学习，提高业务能力。由这样的精英们组成的团队，才能听得清炮声，并指挥好炮火。因此，华为也对营销小团队提出了要求，任正非在《让一线直接呼唤炮火》一文中说：

“一线的作战，要从客户经理的单兵作战转变为小团队作战，而且客户经理要加强营销四要素（客户关系、解决方案、融资和回款条件以及交付）的综合能力，要提高做生意的能力；解决方案专家要一专多能，对自己不熟悉的专业领域要打通求助的渠道；交付专家要具备能与客户沟通清楚工程与服务的解决方案的能力，同时对后台的可承诺能力和交付流程的各个环节了如指掌。”

有些管理者从不到一线去，就无法了解一线员工在工作中有什么不足，缺些什么，一线员工也只关心绩效，不关注客户需求，这样就造成了一线员工听不到炮声，更无法指挥炮火。所以，一线营销人员要提高自身的综合能力，企业的管理人员也要了解一线营销员的需求，并且让他们明白自己的职责。

1.2　干部要贴近一线，理解客户需求

随着企业业务的增加，需要更多的员工直接面对客户，到一线去锻炼。首先要有听得见炮声的人，才能在一线指挥炮火。对此，华为一直强调员工要有一线的工作经验，并且将此作为干部选拔的重要条件。因此，华为将更多的干部派往一线锻炼，让一群高素质的干部在一线中服务客户，呼唤炮火。

2016 年，华为从研发团队集结了 2000 名高级专家及干部，派往一线，这些人将与一线人员一起迎接挑战。华为表示，派出 2000 名高级研发人员奔赴一线，就是为了帮助客户解决问题，帮助客户实现商业成功的，并使华为获得业绩有效增长和商业成功。为此，华为还专门举行了声势浩大的将士出征大会，这是华为继 2000 年后又一次举办的大型海外出征誓师大会。

在出征誓师大会上，任正非就说过这样一段话：“在当前行业数字化及网络转型的时机，我们从研发集结了 2000 名高级专家及干部，奔赴战场，与几万名熟悉场景的前线将士，结合在一起，形成一股铁流。在机会窗开启的时间，扑上去，撕开它，纵向发展，横向扩张。”这些在华为工作十年以上的技

术专家与高级干部，到一线去可以将多年来积攒的技术成果与客户需求结合起来，让更多的干部了解客户需求，与客户建立更加长远的友谊。

为什么要让这么多干部到一线去锻炼？因为一线是最贴近客户的，在一线才听得到炮声。没有经过一线锻炼的干部，在决策上难免会脱离客户需求，所以要了解一线的情况。此外，干部到一线，还能提高一线指挥者的素质，为客户提供更高质量的服务。

华为在提出“一线呼唤炮火”的情况下，决策权下放，也需要有更加优秀的人来管理一线团队，指挥炮火，并且能够承担起一线团队的责任。因此，华为将很多优秀的管理人才派往一线锻炼，让他们切实感受一线的工作，理解客户的需求，为华为培养更符合发展需求的管理人才。

2. 权力下沉，向一线充分授权

要想做到让听得见炮声的人来指挥炮火，组织就要向一线充分授权，让听得见炮声的人能在第一时间帮助客户解决问题，而不是经过层层请示后再做，否则很有可能就错过了解决问题的最佳时间，这也是将营销工作做好的重要基础。管理者将权力分配给一线，也可以将自己的精力放在更重要的事情上，减轻管理者的压力。企业抓大放小，充分授权，才能让管理变得更高效。

2.1 让听得见炮声的人拥有决策权

由于受到传统经营管理思想的影响，很多企业长期以来都是以中央集权的方式进行管理。随着企业人员的增多，这种经营管理方式的弊端就会变得十分明显。当直接面对客户和市场的一线营销人员没有充分的权力时，这些员工在工作中就会束手束脚，害怕自己的工作被领导否定。一线员工对与领导分享自己的想法也会有所顾虑，因为领导没有亲临一线，在决策上与下级可能会产生分歧，有些一线员工则迎合领导，不敢说实话。在这样的工作氛围下，领导的权力越来越大，下面的员工没有自主权，工作的主动性和积极性也就无法激发出来。

华为在管理变革上，就特别注意不让权力过度集中，以防止企业内部出现员工谄媚奉承的官僚主义作风，并让了解市场的人来行使权力。任正非在销服体系奋斗颁奖大会上的讲话中说道：

“谁来呼唤炮火，应该让听得见炮声的人来决策。而现在我们恰好是反过来的。机关不了解前线，但拥有太多的权力与资源，为了控制运营的风险，自然而然地设置了许多流程控制点，而且不愿意授权。过多的流程控制点，会降低运行效率，增加运作成本，滋生了官僚主义及教条主义。”

“将在外，军令有所不受”，在一线的营销人员不可能完全根据提前策划好的方案去面对客户，因为实践过程中变化的因素太多。这就需要营销人员靠随机应变的能力来说服客户，而在随机应变中，营销人员说的话必须有分量，营销员需要有主动决策权。如果没有主动决策权，客户不会浪费时间与一线人员交流，再者，企业派去与客户沟通的人员没有主动决策权，也会让客户感受自己不受重视。

华为早就意识到了这一点，他们的营销人员在市场上经常要与国际性大公司的营销人员竞争，如果没有主动决策权，等到向上级请示完，订单可能早已被他人抢走。华为拥有高效的执行力，也是因为懂得充分放权，让最了解客户的一线人员去决策，确定方案后，立即执行，让客户的需求能在第一时间得到响应。

1998年，为了提高管理效率，华为开始改变权力主要集中在少数高层手中的管理模式。在大量引进西方管理模式和学习先进管理经验的情况下，根据自身发展的需要，华为引进了事业部机制，公司按照产品、地区、市场等来划分部门，并且在每个部门设立事业部，将权力下放给这些机构，以调动起每一个华为人的工作热情。

2009年，华为又开始了新的改革，在公司内部实行充分放权，根据一定的规则，逐渐将决策权授给一线团队，并让后方起到保障作用。这就是组织的流程发生变化、变革后，组织要围绕客户需求，一切为前线着想，一些烦琐的流程也开始精简，人员也要精而少，以提高运行效率。

华为的管理变革适应了市场发展的需要，使一线营销团队在满足客户需求时有了更大的主动权，也获得了公司更多的支持。华为也不是将权力授予一线团队后，让其不受任何约束，而是建立和完善监督机制，保障一线团队在遵守企业规章制度的情况下高效运作。

企业授权给一线，让一线员工能够调动资源，集中更多资源为客户服务，并提供全面的服务。这对一线能否响应客户的需求非常重要，满足客户需求并不是靠营销人员耍嘴皮子，而是真正能支配资源，并且善于利用企业已有的资源。华为通过事实证明，充分授权让他们收获了巨大的成果。

2011 年，华为开始拓展企业业务和消费市场业务，于是成立了企业 BG（企业业务）和消费者 BG（消费者业务），此举将华为的决策权向一线前移了一大步。在消费者业务上，随着互联网营销模式的兴起，华为认识到自身在互联网渠道建设上的不足后，又推出了荣耀品牌，并赋予这个品牌独立运作的权力。经过调整后，荣耀品牌通过互联网渠道在国内市场取得了巨大的成果，并促使华为手机迅速崛起。

华为将权力下放后，三大业务板块在人力、财力、物力上都掌握着实权，在竞争中可以根据市场变化自行决策，做到了快速响应客户需求。在短短几年间，消费者业务和企业业务都闯出了一片天地。以消费者业务为例，华为手机不仅得到飞速发展，在国内市场份额占据了第一的位置，还在全球智能手机销量排行中进入了前三强。到 2016 年，消费者业务销售收入占华为销售总额的 30% 以上。

华为向一线充分授权，是根据多年的市场经验和调研做出的深思熟虑的决定。华为各大业务在营销上的成功，让外界再次见识了其强大的执行力，而这一切都是基于华为敢于放权。

2.2　授权要建立在一线与企业相互信任的基础上

有些企业在实践中，意识到了在决策上的滞后性，但由于高层管理人员对权力的控制欲，以及害怕放权后员工不受控制等原因，迟迟下不了授权给一线的决心。充分授权除了要有完善的监督机制以外，还有很重要的一点，就是企业和员工之间要相互信任。有了这个基础，企业的高层管理者才会放心授权给一线，员工也才能在掌握权力后做到对企业负责。

企业和员工之间建立互信的关系，需要员工对企业的文化和管理制度认可，让员工带着主人翁的意识来为企业工作。如果企业能做到上下一条心，权力滥用的现象就会大大减少。在任正非看来，“只有员工真正认为自己是企业的主人，分权才有基础。”华为很重视企业文化的宣贯，通过员工持股的方式，让员工高度认可企业的文化和经营管理，并且充分信任员工，让员工放心大胆地制定营销策略，让分权制度落到了实处。

任正非曾多次说自己不懂技术，也不懂管理，但是他善于用人，并且信任手下的员工。曾经在华为重要的研发会议上，如果郑宝用对任正非说“任总，这个会你不用参加了，我会把结果告诉你的”，任正非真的会离开会场，让郑宝用全权主持会议。还有李一男刚进华为时，任正非信任其能力，当他还在做实习生时，任正非就让他负责重要的项目。

不管是研发工作，还是营销工作，华为都能给予一线充分的信任。华为在全球各地有众多分支机构，如果每个决策都要经过总部允许，不光总部没这个精力，一线也不能根据不同文化背景下的市场做出及时的判断。可以说，公司与员工之间相互信任，是华为的传统。

面对客户的需求，企业要向一线授权，并信任一线，而一线管理人员也要充分信任自己的员工，让员工找到自信，并以最快的速度高质量完成任务。在华为的团队管理中，对每一位成员的发展都很重视，并且注重成员之间的信任感的培养，这是团队合作的基础。

一次，面对客户需求，华为与银行的工程师一起攻克大数据这个难题。此次留给项目组的时间只有一个月，不能按照以往的工作模式进行，面对艰巨的任务，项目经理心急如焚，因为找不到合适的人在如此短的时间内完成编码。就在此时，项目经理想到了正在电脑前编程的工程师吴凡（化名），这是一位在专业技能上非常优秀的工程师。项目经理很信任吴凡，于是将任务交给了他，吴凡二话不说接受了任务。

一般工程师一个月开放1000行代码就算高效了，吴凡在一个星期之后，就交出了8000行的代码，让项目组成功搭建了消息处理平台的服务器部分，而且有些新部件一次性就通过了测试。吴凡没有辜负项目经理的信任，项目经理也因为自己信任员工，让团队取得成功，并且更加懂得信任员工的重要性。

如果企业不信任一线，即使一线掌握了权力，做事也会提心吊胆，员工也是如此，没有得到团队的信任，总是不自信，也就不敢将自己的潜力发挥出来。有些管理者对员工工作能力不信任，将大小事情都揽在自己身上，导致员工没事干，这是不利于团队管理和人才培养的。

2.3 提高自主决策能力，不能事事都请示

在一线团队工作，成员首先要做到的是对事负责，而不是对人负责。在有些官僚主义盛行的企业，一线常常是对人负责，事事都请示领导，害怕工作不合领导的意。在华为，任正非对员工强调的是不能事事都请示。一线拥有权力后，就应该发挥自主性，根据市场分析自行决断。面对一些事事都习惯请示的员工，任正非早就给予过提醒：

“已经有规定，或者成为惯例的东西，不必请示，应快速让它通过去。执行流程的人，是对事情负责，这就是对事负责制。事事请示，就是对人负责制，它是收敛的。”

华为已经有了较为完善的流程管理，只要按照流程来做，基本不会出错，所以要避免不必要的请示，一些不必要存在的审批环节也要删除。在前线的

员工远离公司总部，事事请示更是浪费时间，影响决策效率，这也是华为要向一线授权的原因之一。

第二次世界大战期间，德国名将隆美尔还在第七装甲师的时候，经常根据战场情况制订新的作战技术，他的很多做法都违反了总部的训令，指挥出其不意，不合乎正统，尽管这么做招致了不少批评，但总部并未干预他，也正是这样的作战指挥让他的战果显著。

任正非受到隆美尔战术的启发，曾经指出，企业的员工也要像在战场上的士兵一样，将军不在旁边，要根据情况做决定，不能事事请示。华为内部也曾存在干部事事都请示上级的情况，这导致很多部门因审批而存在，对公司的经营管理并没有别的作用。任正非认为这样不仅影响了公司的运营速度，还会让公司的发展进入朝着领导者倾斜的误区。

企业向一线授权就是要改善经营管理，让一线员工做出决定后，立即行动起来，增强执行力，因此在一线的“班长”必须依据现场情况随机应变，不必事事都请示。

3. 保持敏锐的嗅觉，洞察客户需求

企业要让“听得见炮声的人指挥炮火”，并且向一线授权，就是为了能够及时、准确地察觉客户需求，并且让一线快速制订方案来满足客户需求。由此可见，企业的一系列工作都是围绕客户需求展开的。

如何才能在第一时间掌握客户需求？这是每个企业都需要面对的问题。这需要企业深入一线，多与客户接触，并分析从市场中收集的信息。

3.1　贴近客户，掌握客户需求

受不同的环境影响，客户的需求会有所不同，而且随着时代的变化，客户的需求也会有所变化。为了掌握客户需求，就必须贴近客户，在与客户交

流的过程中，洞察客户最迫切需要的是什么。作为市场营销人员，与客户打交道是最基本的工作，企业在培训中就要让员工知道该怎样去与客户交流，并维持良好的客户关系。在与客户交流时应该以真心换真心，让客户吐露心声，能做到这一点，对客户的需求也就基本掌握了。

任正非鼓励华为人多与客户沟通，相互交流想法，探讨共同进步的方法，用心对待客户。他说：

“坚持与客户进行交流，听一听客户的心声，我们就能了解客户的好多想法。我们今天之所以有进步，就是客户教我们的嘛。不断地与客户进行沟通，就是让客户不断帮助我们进步。如果嘴上讲365天都想着产品、想着市场，实际上连市场人员、客户的名字和电话号码都记不住，还有什么用?”

一段好的客户关系是要靠维系的，企业不能将与客户的关系看作纯粹的利益关系，而应该将客户当作朋友来对待，贴近客户的心，理解客户的需求。

2011年，华为印度地区部提出的一个特殊的交换机形态需求，客户要求华为提供的交换机必须支持不间断电源供电，并且能在断电时正常工作。在交换机领域有着多年经验的张英石听到这一需求后，感觉有点不可思议。

带着疑惑，张英石问在当地工作的同事为什么客户会提出这样的需求。同事告诉他，印度经常停电，每次停电几分钟不等，所以印度的照明和生活供电都有不间断电源备份，但有些部署在楼道内的交换机却没有备份电源，导致经常断网。印度本地有几家厂商，推出了不间断电源供电的交换机，在印度的销售额很高，因此这类交换机在印度是有很大市场的。

了解其中缘由后，张英石针对客户的使用场景和痛点，并根据亲自到印度进行市场调研的结果，制订了方案。鉴于当时已有本地厂商做出了这类产品，华为要想客户需求能得到更大满足，就要体现自身产品的优势。在经过客户访谈、实地调研、竞争力分析后，华为设计出了带有内置蓄电池的交换机。这个产品让华为在当地的一线人员很满意，客户也感到惊喜，华为交换机在印度市场上的名声也因此打开了。

不同客户的需求有不同的特点，企业不能只看到市场上客户需求的共性，也要看到客户需求有特殊要求的一面。这就需要企业人员能洞察市场，设身处地为客户着想，因为每个客户需求都是有市场依据的。

一线人员还应该有敏锐的嗅觉，从市场或客户方变化的蛛丝马迹中发现问题，并认真分析，找出客户需求。营销大师杰克·特劳特曾说过，销售其实就是一场感知的战争。没有敏锐的嗅觉，感知不到客户需求，就抓不住市场机会。

狼是一种具有敏锐嗅觉的动物，能在很远的地方嗅到猎物的味道。华为的狼性营销文化，也决定了华为的一线员工必须拥有敏锐的嗅觉。狼的嗅觉是与生俱来的，那么营销人员对客户需求的嗅觉又是从哪来的呢？对此，任正非说过：

“以后的IRB人员，要有对市场的灵敏嗅觉，就像香水设计师一样，能够灵敏区分各种香味，不能区分就不能当IRB人员。这种嗅觉就是对客户需求的感觉。那么，这种嗅觉能力来自哪里？来自客户，来自与客户聊天、吃饭。”

如果市场营销人员成天坐在办公室，不出去接触客户，寻找接近客户的机会，客户是不会找上门的。市场竞争中，在同一行业生存的企业何止一家，客户只会选择最贴近自己想法的企业。

或许有人认为，与客户聊天、吃饭不像是在工作，其实这种想法是很幼稚的。对于接触市场的人而言，接近客户、与客户交流就是正常的工作。与客户建立友谊的过程中，双方有一个互相了解的过程，这其中聊聊家常也是常有的事，很多信息就是在这样不经意的谈话中获得的。

任正非在华为的内部讲话中，对员工强调要多与客户聊天、培养嗅觉能力时，就曾用郑宝用在华为工作时的例子来激励员工。任正非表示，当初郑宝用在华为之所以进步很快，就是因为他与客户交流多。华为的接入网、商业网、接入服务器等概念的提出，都和经常与客户交流有密切关系，可以说正是因为与客户的交流，才有了这些发明，实际上就是客户的发明。因为

“很多知识智慧在客户手中，我们要多与客户打交道，乐意听取客户意见”。

所以说，灵敏的嗅觉，就来自多接触客户，这就是掌握客户需求的秘诀。企业就是依靠为客户服务而存在的，服务要讲究效率，节约成本，因此在竞争中提高命中率，减少浪费，还必须提高信息的准确性，这也需要依靠与客户深入交流。

3.2　了解客户真正诉求，争取更多订单

市场是一点一点打开的，订单是由少到多发展而来的。企业在不断地满足客户需求的过程中也渐渐积攒了客户的信任，为获得更多的订单打下了基础。

华为走出国门的早期，中国的经济实力和国际影响力大不如今天，从中国走出的华为很难得到客户信任，他们能在发达国家市场上取得突破，就是因为洞察了客户的真正诉求。华为成为一家全球性的企业后，也始终坚持了解客户的真正诉求，提供最完善的解决方案，也因此在很多极为挑剔的客户手中获得了大量订单。

华为进入日本市场的最初十多年，无线产品只在 1.7G 和 2.5G 频谱上获得了极少的份额。尽管这些产品在其他市场已经收到很多大客户的好评，日本客户却始终无动于衷。直到 2014 年，华为的小站明星产品“ATOM BOOK”在很难进入的东京、名古屋、大阪城区域拿下一块业务，并于 2015 年初成功商用在 1.8G 频谱上。

虽然取得了小成绩，但要想有大突破，还要满足客户更多的需求。2015 年 7 月，从一线传来消息，客户希望在 900M 低频谱上扩建东京、名古屋、大阪城郊区的无线网络。面对东京对无线流量的巨大需求，这绝对是一个高难度的挑战。不管有多困难，华为都瞅准了这个机会，要在这方面实现突破。为此，解决方案架构师专程去日本拜访客户。拜访中，客户尽管提出了新诉求，但看过华为的产品设计方案后，他们觉得很不错。经过一系列讨论，客户最终选择了华为，并订购了 5000 台产品。

华为以贴切客户真实诉求的态度打动了客户，开始成规模进入日本高端

市场，此次产品的成功交付，更是帮助华为赢得了客户信任，订单也越来越多。

获取第一份订单往往是最困难的，客户对企业没有信任的基础，很难将订单交予企业。只有企业凭借灵敏的嗅觉，真正了解客户需求后，客户才会愿意让企业一试。如果成功，企业获得客户信任，便会有第二份、第三份订单。华为就是在不断聚焦客户需求、尽全力满足客户需求的基础上，在产品销售上获得越来越多的订单。

4. 以项目为中心，以一致的形象面向客户

企业的成败与内部是否能保持目标一致有着非常重要的关系，在经营中，部门间各自为政，是企业从内部瓦解的开始。因此，企业内部一定要团结，在政策、价值观、目标上达成一致，即便部门或团队间有分歧，也应该通过加强沟通来消除分歧，而不是互不退让。员工有了共同的目标，才能使企业的所有人力往一处使。华为在企业文化建设和管理制度变革的过程中，就在内部统一了企业的目标，并且建立了能够良好协作的团队。

4.1 实现客户接口归一化，主动响应客户需求

在面向客户时，企业的各部门或团队之间难免会有冲突，这就要求企业能够实现“客户接口归一化”管理，将各部门或团队箭头都指向一个方向，那就是客户。为客户提供解决方案时，企业的各部门或团队应该在内部就方案协商一致，然后为客户提供一个综合性解决方案。若每个部门或团队都单独与客户联系，客户就要耗费大量精力来整合方案，这并不是客户向企业购买服务的初衷。

在培养团队的协作能力上，华为费了很大一番功夫，这其中也有血的教训。善于在失败中总结经验的华为，通过自我批判，在为客户服务时，逐渐向客户呈现了一致的形象。

2006年8月，华为苏丹代表处的业务正处于快速增长的阶段，但是在有利的形势下，华为在一个移动通信网络项目竞标中竟然未中标。这给代表处造成了很大的打击，在竞标结束后，代表处召开会议，分析竞标失败的原因。

代表处通过讨论，找出了原因：代表处部门各自为政，不相互沟通，也不共享信息，不能一致面对客户；与客户接触时，各部门只关心各自的工作，未能从目标全局考虑，导致对客户需求的把握有遗漏，给出的解决方案零散、不全面，无法满足客户需求，交付能力也不尽如人意；代表处对客户需求响应被动，没有做到主动发掘客户更深层次的需求。这些不足之处，集中体现在客户召开的一次网络分析会上。当时代表处共派去了七八名员工，但每个人都只向客户解释各自领域的问题。客户CTO（首席技术官）当时就十分气愤，表示自己请华为服务不是要某一个方面的解决方案，而是要一个综合的解决方案，这些工作不能留给自己来做，而应该是华为做好后再呈给自己。

在分析自身原因后，苏丹代表处决定进行内部整改。要求各部门以客户为中心，协同客户关系，组建针对特定客户项目的核心管理团队，实现客户接口归一化管理。之后，苏丹代表处以客户经理、解决方案专家或经理、交付专家或经理为核心组建的项目管理团队，形成了面向客户的以项目为中心的一线作战单元。这个团队的组建，使代表处能够从点对点被动响应客户转变为面对面主动对接客户，更深入、更准确、更全面地理解客户需求。后来，苏丹代表处把这种项目核心管理团队称为“铁三角”。

华为“铁三角”就是在苏丹项目失败的教训中建立起来的，这以后，华为团队以项目为中心，以一致形象面对客户的服务逐渐得到完善。以项目为中心的“铁三角”的建立，又一次强化了华为为客户服务的核心价值观，这是一个跨部门的核心管理团队，让参与项目的每个部门都对整个项目的成败负有责任，让华为在苏丹的业务中极大地满足了客户需求，扭转了当初在客户心中的不良印象。

4.2 华为“铁三角”模式的系统化

随着华为的逐渐壮大，在市场上取得的大型项目越来越多，面对客户日益提高的要求，为客户提供全面的解决方案已经是华为能继续在市场上保持优势的重要因素。另外，华为业务的扩张，必然使员工数量迅速增加，组织部门也不断壮大，这时部门墙的缺陷就显现出来了。

“铁三角”模式建立后被证明在业务上的效果非常好，得到了华为总公司的认可。“铁三角”模式的产生使华为内部的部门墙被打破，让公司内部的流程更加畅通，也强化了华为的客户意识。此前，虽然知道要挖掘客户需求，要坚持以客户为中心，但是各部门各自为政却在一定程度上降低了为客户服务的质量和效率，“铁三角”模式的建立则大大减少了此类情况的发生。之后，华为在全公司推广和完善这一模式。

2009年，华为在LTC（线索至回款）的流程变革的过程中，开始逐步完善“铁三角”运作模式，并且着手构建立体的“铁三角”运作体系，以满足华为不断增长的市场需求，促进市场的可持续发展，提高企业的经营效率。此后，华为的“铁三角”逐渐在华为的各代表处广泛实行，“铁三角”模式更加系统化和成熟，成为华为销售的一张王牌。

“铁三角”的系统化，让华为各部门都能将精力放在一线业务上，简化了管理流程。在“铁三角”模式的推动下，华为的决策权也开始向一线前移，之后也就有了任正非提出的要让“一线呼唤炮火”。

“铁三角”其实就是一个具有很强作战能力的一线团队，它的成功让华为更加坚定了授予一线权力的决定。在前文中，我们提到了让“一线呼唤炮火”还需要有专业的大后方支持，为了支持“铁三角”在前线开展业务，华为也是尽力完善后方支持平台的建设，为“铁三角”模式的运作提供了有力的保障。对此，任正非在2013年度干部工作会议上的讲话中就指出：

“战争是发生在电磁波中，呼唤这些炮火的不一定再是塔顶的将军，而是贴近前线的“铁三角”。千里之外的炮火支援，胜过千军万马的贴身厮杀。我们公司现在的“铁三角”，就是通过公司的平台，及时、准确、有效地完成了一系列调节，调动了力量。今天我们的销售、交付、服务、财务，不都是这样远程支援的吗？前线“铁三角”，从概算、投标、交付、财务，不是孤立一人在作战，而是后方数百人在网络平台上给予支持。”

可以说，华为“铁三角”之所以能让竞争对手感到害怕，就是因为华为在管理变革的过程中建立了一个专业的后方平台，也正是因为有了这个平台的支撑，“铁三角”模式才能在华为广泛推广，并成为现在很多企业所推崇的销售模式。

华为引进西方的先进管理经验已有多年的时间，华为也因此花费了巨额资金在咨询费用上。在技术研发、产品制造、全球采购、市场营销、行政服务、知识管理、人力资源、财务融资、公共数据等平台上，华为花费了几十亿甚至上百亿的资金才有今天的成果。这些平台就是华为“铁三角”得到的专业支持。

华为“铁三角”作为一线共同作战团队，在其构成上基本沿用了在苏丹建立的模式。就是由客户经理、交付经理、解决方案经理组成“铁三角”的核心部分，还包括一些扩展项目员工，支撑性功能岗位员工，华为公司总部、地区部或代表处授权，后方大平台提供支持（图 1.1）。

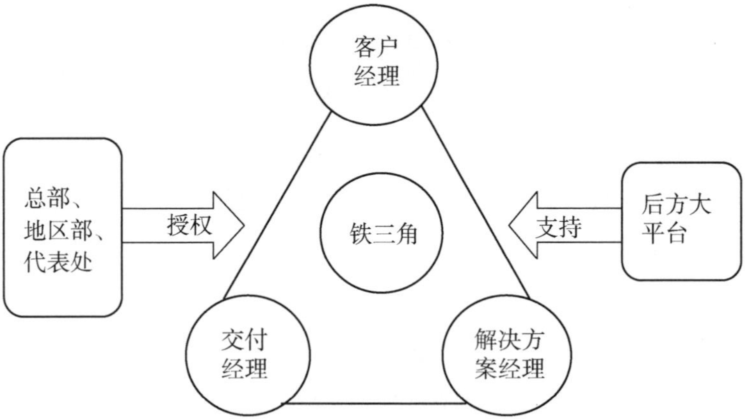

图 1.1　华为项目“铁三角”模式

“铁三角”的核心成员和其他支持人员在这个组织模式中都有具体的职责，他们必须在相互协调中一致面向客户。在“铁三角”团队中，客户经理是第一责任人，交付经理和解决方案经理不仅要做好自己的工作，还要协同客户经理的工作，保持团队目标的一致。这种三角形的模式，使华为的一线团队比以往更加稳定，而且战斗力更强，在组织授权的情况下，增加一线作战的灵活性，也让华为提出的让“听得见炮声的人指挥炮火”得以落到实处。当然，要发挥“铁三角”的作用，首先需要的就是这个团队的核心成员能够在岗位上尽职守责（表1.1）。

表1.1　华为“铁三角”核心成员的职责

“铁三角”核心成员	职责
AR（客户经理）	“铁三角”在面向客户时的领导者，负责整个项目流程运作，也是项目规划、客户平台建设的第一责任人，对项目经营结果负总责
SR（解决方案经理）	产品品牌和解决方案的第一责任人，要理解和管理客户需求，制订能够帮助客户实现商业成功的解决方案并推广
FR（交付经理）	项目交付与服务的第一责任人，为项目前期销售工作提供支持，对项目交付与客户满意度负责，负责搭建交付与服务的客户关系平台

华为“铁三角”团队在业务运作中的目的就只有一个，那就是满足客户需求，帮助客户实现商业成功。团队的核心成员都捆绑在一起，成功与失败都是团队行为的结果，在这样的利益捆绑以及华为团队文化的熏陶下，一线的团队才能做到将“箭头”一致指向客户。

5. 明确分工，能力到位，责任也要到位

企业要给予员工一定的任务，并让他们承担一定的责任，员工才会成长，

才会在工作中更有担当。尤其是现在很多企业在实施目标时，采用的都是团队协作的方式，因此每位员工的工作都应得到合理的分配，且要明确自己的责任。这是为了发挥每位员工的潜力，并对目标进行合理的规划。

5.1 明确分工，保证项目有条理地进行

在团队协作中，如果分工不合理，责任没有明确到每位员工，就容易发生推卸责任、出现问题后无人站出来承担责任的情况。员工推卸责任、逃避责任最直接的后果就是错误永远得不到改正，吸取不了教训，重复犯错，给企业造成了重大损失。要预防这种问题，就要将权力下放到位，并且根据每位员工的权力设立相应的责任，做到权责明确化。华为将权力下放至一线，同样地也会要求一线承担更多责任，在一线团队中明确分工，团队成员也都有着自己的责任。不仅是一线，华为各层级员工在被授权的同时，都被要求做事认真负责，这也是华为能做到力出一孔的重要条件。对此，任正非就曾表示：

“建立多层、多级、多专业的责任中心，通过有限授权，将推动业务运行的权力与责任下放到对事情最明白的机构和人的手里面去。建立开放的多层、多级专业管理平台，确保公司经营活动的迅速展开。每一个平面的责任中心，分工明确，责任清晰。通过多级责任中心的协调配合，建立起开放的管理平台。”

企业做任何事情都要有计划，营销活动中，要规划好每天需要解决的问题，并将任务分派到员工手中，在企业的监督机制下，让员工都能对自己的工作负责，保证目标实施能有序进行，并且按期完成。

华为要求员工能做到力出一孔，齐心协力共同完成任务。这其中就需要对目标进行层层分解，具体到个人，让各层级员工在岗位上做到各司其职。团队除了要培养成员之间相互配合的默契外，最重要的就是要让每位成员明确自己的任务和责任，这样才不会出现重复工作，导致工作一团糟。

2005 年，华为西安研究所承接了当时最重量级的产品 C&C08。研究所的 18 名老员工带着 100 多位应届毕业的新员工一起去深圳接产品，搬迁实现了无缝衔接。

但在几天后的一个紧急任务中，项目 PL（项目组长）组织团队攻关，由于团队成员协作欠佳，各自的分工也未在事先明确，团队工作非常混乱。经过 10 多个小时的努力，通信仍未能恢复，团队也更加慌乱了。最后只能在当地技服专家的帮助下解决问题，技服专家在事后也告诉团队要“知耻而后勇”。

事后项目 PL 回忆道：“当时觉得特别丢人。”之后，团队开始重新梳理重大事故的处理机制，明确流程和每个人的分工，并确保在项目实施前能够做好充分的准备。此后，团队按照处理机制来处理这类事故，坚持明确分工和做好计划，保证了在最短时间内恢复通信。到 2007 年，产品逐渐稳定，团队也成长很快，做事更加成熟了，并有能力开始给无线、网络一线输送骨干。

在任务开始前，就明确分工，其实是一种提前规划，在团队协作中，每位员工都清楚自己的职责，并将责任落到实处，才不会陷入慌乱中。任正非在华为新员工入职时，就对他们强调在华为责任心的重要性，他表示并不是进入华为就能拿到高工资，华为是以贡献定报酬、凭责任定待遇的。

为了保证员工都能落实责任，实现自己的承诺，华为还会与员工签订个人绩效承诺书。华为此举可让员工在自己的能力范围内对公司做出承诺，并落实自己的责任。同时，面对客户时，员工也要根据自己的责任做出承诺，并实现它。华为就是在这样的责任落实中，时刻让员工保持着积极进取的精神，让团队像狼群一样协同作战。

华为公司每年年初都会根据上一年实际完成的各项指标，制订新一年的工作指标。主管人员再根据公司指标的分配情况，对自己部门新一年的计划指标做出承诺。根据目标的高低，承诺内容可分为持平、达标、挑战三个等级，这一年度结束后，公司会对每个干部目标的实际完成情况进行评估。没有实现承诺目标的干部将会受到处罚，甚至整个部门的员工都会被连带处罚。

在下一年度，这些被处罚的干部也会被降职或免职，一年之内不准提拔，整个部门员工调薪资格也会受到影响。

在个人绩效考核制度之下，干部必须安排好每位员工的工作，让他们明确自己的责任。每位部门成员也必须紧紧团结在一起，确保部门的目标能顺利完成，因为每个人的利益都是与部门目标捆绑在一起的，完不成部门目标，干部和整个部门员工都会受到处罚。所以，华为的员工都能在这种考核制度的激励和约束下，保持高昂的斗志。

华为的个人绩效考核制度，就是要让员工对自己的工作负责，在工作中自律，信守承诺。要知道在营销活动中，不能实现承诺，客户对企业的信任感也会大大下降，有责任心的员工才会时刻严格要求自己，努力实现自己的承诺。员工在接到任务后，就要问自己应该做些什么，而不是随意为之，做事没有章法。

不仅如此，华为与员工还签有奋斗者协议，这份协议中就明确规定华为人应该“成为与公司共同奋斗的目标责任制员工”。这一目标责任制，确保员工能实现承诺。在这种制度下，贡献突出的员工，会得到相应的奖励，没实现承诺的就会有相应的惩罚，他们看到那些员工拿着大量奖金，也会激发自己去落实责任、实现承诺。

5.2 根据员工优势安排工作

尺有所短，寸有所长，企业要善于发挥人才的优势，根据员工的能力做好工作安排。人和人之间是有差异的，有些员工在某一些方面能力有所欠缺，但是换个岗位却能做出很大成绩，这就要求企业能够知人善用。

在落实责任、实现部门或团队承诺时，人员的合理安排是一个关键因素。分工明确了，有些员工却没有能力去完成任务，也会造成责任得不到落实。只有当员工的执行能力与任务相匹配时，责任才有落实的可能。

华为曾经有一个产品经理，在一次修改新产品说明书时花了 2 个小时。由于时间过长，于是他想如果让研发产品的人员来做这项工作，可能时间会短很多。果然，这项工作交给研发人员后，做完只花了二三十分钟。于是，此后遇到这类工作，他都会委派给研发人员来操作，这就大大提高了工作的效率。

员工在做自己擅长的工作时，通常效率会高出很多，对于不精通的工作，往往会浪费大量时间，这也是要根据员工优势安排工作的原因。

在团队合作中，员工能力是否到位对目标的影响尤其明显。若能在团队中发挥员工的优势，将其安排在合理的岗位上，团队工作也会事半功倍。但有一点值得注意，那就是员工的优势的发掘需要管理者有一双善于观察的眼睛，员工也要多发掘自身的优点，知道自己擅长哪些工作，这样才能做出最合适的安排。任正非曾以自己的经历来鼓励员工要发现自己的优点，他说：

“员工不必为自己的弱点而有太多的忧虑，而是要大大地发挥自己的优点，使自己充满自信，以此来解决自己的压抑问题。我自己就有许多地方是弱项，常被家人取笑小学生水平，若我全力以赴去提升那些弱的方面，也许我就做不了CEO了，我是集中发挥自己优点的优势。”

根据自己的能力来落实责任，是在分工时就要解决的问题。合理的分工不是随意将任务分给每位员工，而是要看怎样分工更利于目标的执行，更能提高工作的效率。主管不了解员工的能力，员工也不知道自己的优势在哪，就有可能分配到无法完成的任务。华为提倡员工之间多沟通、主管多组织交流活动等，也是希望能通过相互交流的方式了解员工的特长，然后进行工作安排。

华为员工吴楠在作为项目PL（项目组长）期间，就自己如何管理团队有过一定的思考。当时，他带领的团队有来自不同的业务背景、不同年龄的成员，有新来的员工，也有老员工，还有从别的业务模块进入的成员。

有一次他接到一个新模块合入的项目时，这个模块就已经是延期交付，积攒的问题很多，如果按照原来的操作进行，肯定无法按时完成。在经过仔细思考后，吴楠召集团队成员先深入了解了项目交付情况，厘清了每个问题，并让成员开诚布公进行沟通，这就摸清了每位成员擅长的领域，在分配任务时进行合理分工。善于交流的年轻员工负责对外接口，技术精湛、善于钻研的老员工负责处理疑难杂症。在发挥团队成员各自长处、协同作战下，问题解决效率提高了许多，交付顺利完成。

从以上案例中，不难发现合理的分工对于责任落实的重要性。因此，当企业在抱怨将工作分配给员工后，责任落实仍不尽如人意时，就应该考虑，这种分配是否合理，是否按照员工的优点和能力进行了分配。

在华为这样的企业，员工的工作岗位经常会发生变化，华为会要求员工每到一个新岗位就尽快调整状态，努力将自己融入工作中，对任何一个岗位上的工作都要负责。因此，员工能力不足以实现承诺时，首先就应该积极提高自己的能力，在学习中找出自己的优势。

6. 构建“狼狈组织”，前后方协作一体化

企业是一个整体，前方人员要积极开拓市场，后方人员也不能闲着。大后方的实力是前方人员面对市场和客户时的底气，只有企业在整体上有实力，才能在前方人员的拼搏下在市场上站稳脚跟。

6.1　构建小前方、大后方的作战组织

都说华为的企业文化是“狼性文化”，其实华为企业文化不仅学习了狼群的作战精神，还有狈的策划能力，二者相结合形成了华为前后方团结协作的作战组织，也就是“狼狈组织”。“狼狈组织”是华为的市场部制订的一个市场扩张计划，强调市场人员在奋斗中要有狼的进攻性和狈的管理性。早在 1997 年，任正非就提出了要建立这样一个作战组织，他说：

“必须建立一个适应‘狼’生存发展的组织和机制，吸引、培养大量具有

强烈求胜欲的进攻型、扩张型干部，激励他们像狼一样嗅觉敏锐，团结作战，不顾一切地捕捉机会，扩张产品和市场。同时培养一批善统筹、会建立综合管理平台的狈，以支持狼的进攻，形成狼狈之势。”

在任正非看来，狼有敏锐的嗅觉和不屈不挠的团队合作精神，而狈则十分聪明，虽然腿短，不能独立作战，但它懂得策划，跳跃时抱紧狼的后部。所以，前方有狼还不足以在市场上取得优势，必须有狈的协同作战。这个从狼与狈的生理行为归纳出来的组织，对华为办事处的组织作战起到了非常重要的作用。

华为已经积累了实力，不需要再像创业之初一样出蛮力，而需要用聪明的方法来适应市场发展的新需求。前文提及的要为客户提供全面的解决方案等，都离不开后方的技术支持与服务，因此，前方与后方的建设显得同样重要。

“狼狈组织”也就是一个小前方、大后方的组织，前端精兵化，后端平台专业化。前方的精兵撕开一道口子后，再由后方提供人力、技术等支持，以此占领更大的市场。

在军队中，海军陆战队是一支规模小、装备轻，但作战能力强的小队伍，在后方则有重装旅这样专业化的大队伍为陆战队提供资源和炮火。任正非是军人出身，在经营上的很多理念都受军队管理的启发。华为在一线设立的作战单元如代表处和系统部就像海军陆战队一样，规模小而作战力强；在地区部设立的后方支持平台就像是重装旅，为前方提供专业的支持。

在地区部重装旅的建设上，华为重视各平台和共享中心的建设，为前方培训人才；代表处就负责冲在最前面，打开市场。对此，任正非也说：“我们借用‘重装旅’的概念来描述地区部与代表处的关系。例如：海军陆战队在沙滩撕开一个口子，但它在纵深上是展不开的，因为它没有这么多能力，但它不撕开一个口子，重装部队是登陆不上去的。没有重装部队的投入，阵地是守不住，也扩展不了的。”

华为小前方、大后方的组织建设已经深入全球各地，正是这种组织让华为能够迅速发掘客户需求，并且组织人力、资源等帮助客户快速实现成功，华为也因此从众多竞争者中脱颖而出。

6.2 建立专业的后方平台，为一线提供炮火

华为的小前方，就是精兵化的作战队伍，这类队伍就像前文提及的“班长”，能够在人数极少的情况下在市场上发挥巨大作用，究其原因，除了自身能力强以外，还在于企业的后方大平台能够提供强有力的支持。当前方人员在指挥炮火时，后方人员就要提供好枪支弹药，必要的时候还要提供人员支持。任正非在华为 2015 年市场工作会议上就讲道：

“我们未来十年的变革，逐步从屯兵组织，转变为精兵组织。我们这样理解，对前端的不确定，使用富有战略眼光、富有组织能力、意志坚强的精兵组织；对确定的事情，由后方组织在战略机动上适当屯兵（逻辑），以加强平台支持服务能力的提升。”

前方打探市场动向，摸清客户需求，后方要能及时提供为客户服务所需的支持。若后方大平台建设跟不上，前方人员所做的努力就白费了，而且让一线指挥炮火的计划也无法真正得到实施。因为即便一线有了指挥权，也无法从后方征集到为客户服务所需的供应。再者，若企业没有专业的后方大平台，一线有权力后，就会疏远企业，减弱企业的凝聚力。所以任正非还说道：

“地区部重装旅在一线的呼唤炮火的命令下，以高度专业化的能力，支持一线的项目成功。”

“让听得见炮声的人指挥炮火”，并非让一线人员孤军奋战，全靠他们去打开市场，可以说企业的任何一个部门都不是独立战斗的。在前方的员工针对不同的客户需求采取不同的策略时，后方大平台建设一定要标准化，以便前方需要帮助时后方能随时提供。

华为在非洲一个国家的市场，由于文化背景的差异，刚开始不知道从何处入手打开。华为的一线人员深入前线做过调研后，逐渐了解到想要在这个国家卖出设备，站住脚跟，首先要做的就是要获得该国总统的支持，因为在此国总统就是最大的客户。

找到突破点后，就要想办法跟总统做朋友。华为市场人员经过多方打探，发现这个国家的总统对斗鸡很有研究，于是就想以斗鸡一事为突破口。华为在当地的经理很快就制订出了作战方案，并迅速反馈到华为总部。接到反馈后，华为总部特意请来了中国的斗鸡专家，研究中国斗鸡和非洲斗鸡的渊源，给中国最好的斗鸡拍照，编写与中国斗鸡文化有关的书籍。

华为员工在拜访这位总统时，就投其所好，送其与斗鸡文化有关的书籍。这位总统来中国访问时，华为设计了斗鸡场，让总统观看精彩的斗鸡比赛，总统最终感受到了华为的诚意，成了华为在该国的大客户。

华为一线员工在市场开拓中取得的每一次成功，都离不开华为公司后方大平台的支撑。这也是华为狼性营销文化的体现，只要一个团队或部门有要求，公司上下都会相互帮助，团结起来完成目标。就像上述案例中的一样，华为的一线人员一旦发现战略性的机遇，华为总部就会为其配置所有的资源，这也是华为能成功的原因。华为强调的是团队奋斗文化，“班长的战争”也不是班长一个人在战斗，而是带领一个团队共同奋斗，后方与前方的相互配合就是集体精神在实践中的体现。

一线员工了解客户需求后，在指挥炮火时也应该加强与后方平台的沟通，让后方平台及时了解前方的动向，以便在供应上做相应的调整，保证对前方的供应是及时、准确的。同时，双方之间多沟通，还能让后方大平台及时了解市场变化，以优化平台建设，前方人员在与客户交流时，也能根据实际情况做出承诺。对此，任正非就说过：

“前方要准确、清晰地提出并输入需求，后方要能清楚、准确地理解前方的需求，按需求提供支持。只要前方的需求没有发生变动，所有的协调工作，应由后方平台之间自行协调完成，而且必须在前方需求的时限内完成。前方的需求变化了，要及时、准确提供给后方。”

在华为，前方人员积极开拓市场，与客户建立良好的合作关系，后方作为强有力的后盾，随时待命配合前方，这早就形成了一种默契。在“班长的战争”全面发展后，前后方的相互协调将发挥更为重要的作用。

很多企业在市场营销中希望依靠几个能力超强的营销人员帮助企业实现市场目标。这种员工有不少，但是不可能所有的目标都依靠顶尖的营销人员去实现，大多数情况下还是得靠团队能力的建设。团队可以有骨干员工，但是不能将所有任务压力都放在骨干员工身上，要让一线员工有组织的支持，在团队协作下完成营销目标。

第2章

铁血竞争，抢格局

在市场竞争中，企业要懂得讲究战术，扬长避短，避开市场陷阱。华为从创立之初发展至今，每个阶段都制定过相应的战术，让华为度过了无数的艰难岁月，并且帮助华为打开了国际市场。所以说，华为的成功绝非偶然，这其中蕴含着深刻的经营智慧。

1. 擅用狼群战术，拿下“猎物”

狼是一种具有极强的团队合作精神以及牺牲精神的动物。在瞄准猎物后，狼群一般不会轻易放弃，而是将猎物团团围住，直至捕获猎物，在捕猎时狼群也不会抛弃自己的同伴。

企业在发展初期，由于市场经验不足，在科学技术水平方面与先进企业有差距，很难占领市场，这就需要学习群狼捕猎时的表现，只要发现一点机会，就发扬坚持不放弃的精神，能拿下一个是一个，先慢慢积累经验，以便日后能有大爆发。

1.1　用狼群作战的方式打开市场

华为的群狼战术在业界是响当当的，华为在以狼群战术参与竞争时，也常常让竞争对手感到害怕，因为华为的团队有着顽强的毅力，有一股不达目的誓不罢休的气势。华为在发展初期与很多企业刚创业时面临的问题是一样的，在强大的竞争对手面前，只能培养出一群具有战斗力的“狼”去抢占市场。任正非阐述华为的狼文化时，就曾说过：

“跨国公司是大象，华为是老鼠。华为打不过大象，但是要有狼的精神，要有敏锐的嗅觉、强烈的竞争意识、团队合作和牺牲精神。”

任正非对狼群的欣赏，深深影响了华为人，在面对强大的国际性大公司和国内的通信行业巨头时，华为就像狼群一样，靠着团队力量逐渐打开了市场。当初，华为只是一个不起眼的小公司，很多大企业都不把华为放在眼里，但是华为狼群战术的持续发力，也慢慢让这些企业感受到了压力。

1996 年，由中华人民共和国信息产业部、邮电部举行的全国交换机订货会在北京召开。在这次大型订货会上，全国各个省市电信系统的主要负责人会到场。因此，华为非常重视参加这次大会的机会。

当时，与华为一起参与此会的都是在行业内名气响当当的企业，如上海贝尔、青岛朗讯等。华为知道要想从这些“大象”面前抢走订单，就必须付出更多。所以，华为为了销售自主研发的C&C08万门局数字交换机，在几天时间内，从各个办事处和总部抽调了近400人的高素质队伍来支持这次大会，当初参加会议的队伍才40人，华为为此派出了近10倍的人力来攻关。这些人在几天里几乎整天都与各个省市的主要领导们交流，确保这些省市的领导能对华为的产品有所认识，并了解华为的诚意。最终在狼群战术下，华为成功地从那些著名企业手中抢下了一大份订单。

华为当初的产品或许不是最好的，但是华为的群狼战术能够让客户感受到诚意和被尊重，很多客户也因此选择了华为。市场竞争和自然界的生存法则一样，都是弱肉强食，能够强大起来才能发展下去。华为刚进入市场的时候，很多企业和华为是同时起步的，当时中国本土也有几家大型通信制造商，但如今这些企业大多数都销声匿迹了，只有华为不仅在中国本地站稳了脚跟，更是在国际市场获得了高度认可。华为突破了重重困难，慢慢变得强大，才生存到了今天，而这一切离不开一直贯穿华为发展史的“狼性文化”的指导。

为了开展群狼战术，华为投入了大量的人力，虽然最近几年华为正在向精兵作战的方式转变，但不可否认的是，华为最初对人力的投入确实收获颇丰。企业要想将产品销售出去，就要舍得投入，不管是人力还是技术。华为在没有技术和市场优势的情况下，就是在不计成本的人力投入中，形成了群狼之势，让其在竞争中获得了优势。当然，在很多事情上任正非还是很小气的，但是有利于公司发展的投入，他从不吝啬。

当年，华为的实力还远没有爱立信强，因此与爱立信在黑龙江争夺市场时，为了弥补不足，华为派出了多过爱立信十余倍的技术人员，深入黑龙江每个县的电信局。不管客户有什么问题，华为人总是第一个赶往现场。在一个项目上，华为会用七八个月时间与客户接触，并不计回报投入，最终从爱立信手中抢下客户。

再者，在2000年时，华为参加香港电信展，当时参加展览的有来自全世界50多个国家与电信行业有关的人员，华为自然不会错过这些潜在的大客户。这是华为第一次在国际性大展上展示自己的实力，为了证明华为是有实力为这些客户服务的，华为派了2000多人参加，带着上千台笔记本电脑，并且往返都坐头等舱或商务舱，住五星级宾馆。这次参展让华为耗费近2亿港元，但也很好地展示了华为的实力，得到了高额回报。因为就在这一年，华为在全球市场开始扩张，市场份额不断提升。

可以说，华为在早期开拓市场的过程中，在面对强劲的对手时，每次出场都可谓采用人海战术，像狼群一样，只要瞄准了目标，就会一起上前拼搏。对于狼群来说，群体的每一头狼都是这个大家庭的一分子，拥有共同的事业，相互之间配合默契。华为的狼群战术，在攻克市场时总会派出大量员工一起努力，如何将这群人管理好，靠的就是像狼群一样的团结合作精神，能朝着一个方向发力。

1.2 要像狼一样有耐心，等待机会

曾经有动物学家在观察狼群捕猎时，发现这是一种非常有耐心的动物，可以守住猎物好几天，就为等待合适的时机。狼在耐心等待时机的过程中，具有极其敏锐的观察力，并且能够对目标保持专注，注意目标变化的细节，这些都是捕猎成功的重要条件。最初，华为在没有优势的情形下，也是用耐心打动了不少客户，并且随时注意客户的动向，以敏锐的观察力理解了客户需求，因而获得了订单。

很多企业就是缺乏这样的耐心和信心，总是认为自己实力不够，花再多的精力，客户也不会选择自己。事实上，任何企业都是从小公司起步的，企业不能因为实力不够强大而一直守株待兔，而应该主动出击，富有耐心，等待机会到来的一刻迅速抓住。

为了能够从“大象”手中抢食，在华为迅速发展的时期，任正非就提出了“狼狈组织计划”。这是一个由客户经理、产品经理、售后技术人员等组成

的20多人的团队，这些团队奔赴全国270多个地区经营部，不管有多远，华为人都会前往。

由于市场基础薄弱，很多客户最初不信任华为，为此，华为有些销售人员驻守在客户单位长达半年，甚至帮客户打水、扫地、擦桌子，最终取得了客户的信任，获得了订单。比如在山东聊城时，华为的销售人员就是用这种方法取得了当地第一份订单，随后很快订单价值就突破了2亿元。

华为在成长的初期，市场销售人员的每一次成功都是一场艰苦的战争。当时的华为员工就像是一群蚂蚁，要想斗得过“大象”，不能拼技术、市场，只能拼人力。后来，华为员工在回忆起当时华为人员扩展的速度时，表示办公室不断增多，但也一直不够用。华为从只有几个人的小公司，在30多年里发展到如今拥有18万人的全球性公司，可见其增长速度有多快，也可见当初华为在市场上投入了多少人力。

华为不仅对待客户有耐心，机会到来后也不放过任何一个。在狼的身上，他们学会了要想抓住机会，就要在精诚团结的基础上，分工明确，既有人海战术，又能各个击破。

2000年，中国电信业再次分拆后，电信运营商由原来的1个变成7个。华为为了能够跟之前一样在中国电信这一块占有那么多市场，成立了7个运营商系统部。用任正非的话来说，就是“放出了7匹狼”，这“7匹狼”一对一地服务刚分出的7个运营商。分拆后的中国电信业，如电信、网通、移动、铁通、联通等运营商，都被华为“一网打尽”，没有漏掉任何一部分。“每匹狼”在服务客户时都有各自的指标和压力，既是一个整体，又有分工，华为就用这种方式将分拆后的电信业务又重新划到了自己的服务范围之内。

虽然市场没有耐心，但是华为对待市场机会是很有耐心的，这种耐心也让他们能够更加冷静地分析市场形势，根据市场变化制定策略，不放过任何一次机会。

华为群狼战术的成功，让很多企业纷纷效仿，大举招聘人才，建立庞大的人才队伍，也想用群狼战术从那些行业巨头手中抢食。有些成功了，但是大多数失败了。这些企业只看到了群狼战术的表面，没有深入了解狼的习性，并且没有协作意识，后方大平台建设也不完善，这些都是导致学习华为不成功的原因。

2. 最好的防御就是进攻，敢于铁血竞争

在市场竞争中，面对对手的压力，是被动接受，还是主动出击？这对企业来说是必须面对的问题。在对手的进攻下，就必须做好防御措施，这里又会出现一个问题，那就是到底什么样的防御措施是最能抵御对手进攻的？

华为在刚起步时，大多数企业都不曾将其放在眼里，可是当华为以群狼之势崛起时，不少企业感受到了威胁，因此对华为发动了进攻。华为在与对手的竞争中是吃过亏的，也付出了代价，但华为也从中总结出了抵御对手进攻的最好方法，那就是主动进攻。这对很多胆小怕事，在强大的对手面前显得畏首畏尾的企业也是一种启示。

2.1 华为在围追堵截中崛起

华为曾经在技术上不领先，跟在通信行业的巨头身后，常常显得十分被动。后来，华为意识到要想走得更远，就必须有技术、人才等优势，华为在这些方面投入巨大，但这也让华为逐渐被更多客户熟知，并得到认可。也就在华为开始崛起后，有些感受到华为力量的企业开始了对华为的进攻。

2002 年，华为路由器、交换机在中国市场的地位威胁到思科。同年在美国亚特兰大举行的电信设备展上，华为展示的全系列数据通信产品与思科的产品旗鼓相当，并且价格低很多。思科看到华为的展台后感受到了华为实力，于是想办法在美国对华为提起诉讼。2003 年春节前，思科在美国正式起诉华为的一些产品侵犯了其某些知识产权，华为与思科的竞争也逐渐公开化。

华为在派人去美国应诉前，任正非就下达过命令：“要学韩信能忍胯下之

辱，但是，你们要站着回来。”这也是在表明华为的态度。经过反复举证后，2003 年 6 月 7 日，法庭驳回了思科申请下令禁售华为产品等请求，并且拒绝了禁止华为使用与思科操作软件类似的命令行程序。同时，法院也颁布了有限禁令，规定华为停止使用有争议的路由器软件源代码、操作界面及在线帮助文件等。10 月 1 日，双方律师对源代码的比对工作结束后证明，华为并未侵权。最后，双方于 2004 年 7 月达成和解协议。

任正非早就说过，华为进入的是一个竞争激烈的行业，刚进入市场面对的就是与国际性大公司的竞争。在发展早期，这些企业已占领中国大部分市场，华为只有在夹缝中求生存。华为崛起后，面对的又是一系列攻击，这也让华为明白了在竞争中不能坐以待毙，要想赢得竞争就要主动采取进攻，否则就会在被动中挨打。

面对强势企业也不要恐惧和退缩，华为就表示不管对手有多强大，都要有敢于“亮剑”的勇气和决心。

任正非曾多次向华为人表示要有薇甘菊的精神。薇甘菊是一种多年生草本植物，也是一种常见的外来入侵物种，能够在极恶劣的条件下生存，需要的水分和养分很少，而且繁殖速度极快。这种植物还能将其他植物的资源抢光，以拓宽自己生长的空间，因此有“植物杀手”之称。

任正非希望华为在做产品和服务时也要有薇甘菊的这种生存能力，华为进入行业的时间要比一些老牌企业晚很多，要成为行业的薇甘菊，就必须要有实力。华为也是这么做的，在竞争中，华为一开始技术落后，但是没有停止过进步，态度比其他企业还要好。面对竞争对手的围追堵截，华为也像薇甘菊一样敢于搏杀，在强敌前敢于“亮剑”，从中国农村市场做起，最终走向了全球市场。

华为从早期发展史中明白了一个道理，不管有多难，对手有多强，一定不能被动地跟在那些成功的企业背后，这样不仅难有出头之日，而且只要强大的对手发起攻击，华为就会被击垮。华为在国际市场上遭受的刁难和攻击不止一次，但每次都靠着薇甘菊般的生存能力活了下来。当昔日的竞争对手一个个衰落时，华为却在铁血竞争中走到了最顶端。

2.2 血与泪的教训，让华为坚持进攻

华为在血与泪的教训中学会了最好的防御就是进攻。华为的狼性文化也决定了其不会甘心做一个被动挨打的企业，而是像狼一样主动出击。在任正非看来，在防御上往往是防不胜防，所以一定要坚持以进攻为主，这样才能在竞争中掌握主动权和控制权。为此，华为专门组建了一个“蓝军”部来对华为提出反对意见，在对手找出华为的弱点之前，先进行自我反思和完善。

蓝军是在军事模拟对抗演习中扮演假想敌的部队。在演习中，蓝军会模仿对手的作战手法与红军进行较量，以达到训练的目的。华为引入的军事管理理念中就有“蓝军”，这是华为设立的一个专门研究打败华为的部门，以帮助华为提前发现弱点，以防对手攻击。华为的“蓝军”也会通过模拟对手的策略、模拟实践、战术推演等方式，与“红军”对抗。

2008 年，华为计划将子公司华为终端出售给贝恩资本，在“蓝军”进行分析和辩论时，发现了终端的重要性，于是让华为放弃了这一决定。任正非对华为的“蓝军”部很是支持，甚至表示，要从“蓝军”中选拔“红军”的干部，在他看来，自己不知道如何打败自己，就说明没有应对对手的能力。

华为在发展的很长时间里，目标就是活下去。想要活下去，就必须学会怎样进攻，但也不能盲目进攻，要有目的性，并且对胜利有所把握。为此，华为在内部就建立了很多防御工具，“蓝军”部就是其中之一。重视内部的反对声音，为进攻提供有效的策略。对此，任正非就表示：

“攻就要重视蓝军的作用，蓝军想尽办法来否定红军，就算否不掉，蓝军也是动了脑筋的。三峡大坝的成功要肯定反对者的作用，虽然没有承认反对者，但设计上都按反对意见做了修改。我们要肯定反对者的价值和作用，要允许反对者的存在。”

在华为进攻的防御策略下，华为超越了很多竞争对手，但华为的进攻还在继续，因为未来的发展具有太多的不确定性，保持进攻的姿态，才能在未来的发展中掌握话语权，继续站在行业的顶端。

4G技术给很多企业带来了巨额利润，如今在通信行业内谈论最多的就是5G技术了，谁都想借助这个技术在发展上来个翻身或者更上一层楼。华为也不例外，而且华为还走在大多数企业的前面。为了实现技术突破，华为与全球30多家运营商开展创新合作。

在北京怀柔建成的全球最大的5G试验网上，华为率先完成了5G技术研发试验的第二阶段测试。此次测试的结果显示，华为的5G速率已经超过了国际电信联盟规定的20G每秒的比特数据率，在时延等方面也取得了突破。能够取得这样的成绩，在于华为对5G技术的持续投入与创新，华为还连续三年荣获了“5G研发杰出贡献奖”。

近几年，随着华为成为行业第一，进攻战术也逐渐转变为了技术进攻。华为是一家高科技企业，在人才培养、制度建设上已经很成熟，要想在未来的竞争中获得优势，减少遭受对手的攻击，就必须在技术上取得优势。华为在美国市场受挫，也坚定了其要在技术上发动进攻的战术。

美国在技术和创新上一直领先世界，美国的一些企业也是华为的竞争对手。面对这样强劲的对手，华为最好的防御就是进攻，必须在技术和创新上比美国更先进，以此迫使美国对华为开放市场。任正非曾多次谈及这一点，他在2013年召开的华为无线业务汇报会上谈道：

“华为过去市场走的是从下往上攻的路线，除了质优价低，没有别的方法，这把西方公司搞死了，自己也苦得不得了。美国从来是从上往下攻，Google和Facebook都是站在战略高度创新，从上往下攻。Wi-Fi作为和LTE竞争的技术，你不能说美国不会玩出什么花招来，我们要以招还招。不要以为我们一定有招能防住它，我们公司的战略全都公开了，防是防不住的。我们要坚持开放性，只有在开放的基础上我们才能成功。”

进攻也要讲究方法，不能随便乱用，在打败竞争对手的情况下，自己也伤痕累累，这就是两败俱伤。华为对待美国的进攻策略就是要打破华为已有的优势，向美国学习创新，在某一领域超过美国，建立新的优势。因为不能在新优势上有所突破，其他企业的新优势很快就会出现，到时华为又会陷入被动挨打的局面。为了打开美国市场，取得新优势，华为也积极与曾经的对手合作。所以其在行业内成为领军企业后，既与其他企业保持竞争，又与他们保持良好关系，这让华为的发展能有一个良好的环境，也是华为在发展中吸取的经验。

3. 避开硬碰硬，走“农村包围城市”的道路

企业的营销活动要讲究策略，有时候在竞争中，即便实力不是最强的，策略运用得当也可以赢得竞争。在中国，当一个商店在某处生意特别红火时，周围就会聚集越来越多的同类型商店，在激烈的竞争中很多商店不得不关门。如果所有企业都这样做，将所有的精力放在同一块市场上，分有限的蛋糕，就必然会有企业无法在竞争中生存下去。尤其是对于那些后进入这块市场又没有竞争优势的企业而言，几乎没有生存的空间。后进的企业想要生存下去，就要找到新的市场，实现突破。

3.1 开辟农村市场是不得已的选择

华为最初在与那些国内外的行业巨头竞争时，没有任何优势，城市市场已经被瓜分完毕，华为在这样的情况下还要硬碰硬地往城市发展，就等于自寻死路。当时在中国的广大农村，通信还不发达，有大片市场可以发掘，也是那些国内外电信巨头们防守的薄弱环节。所以华为选择了一条“农村包围城市”的道路，先在一片空白的农村市场打开局面，积累资本，再反攻城市。

华为在创立初期，依靠代理香港一家公司的程控交换机赚取第一桶金后，发现在国内市场程控交换机技术还处于空白状态。任正非以其敏锐的嗅觉，

察觉到这项技术将创造巨大的价值，于是将华为当时所有的资金投入研制这项技术中。功夫不负有心人，华为成功研制出了 C&C08 交换机，并且在同类产品性能差不多的情况下，价格比国外的要低很多。

这一技术的成功奠定了华为研发的基础，但是由于当时行业内的国际巨头，以及国内的巨头在全国各省市发展已久，占领了市场。这些巨头财力雄厚，也降低了产品的价格，以打压华为等后进的企业，华为进入市场时可谓以卵击石。

为了避免与这些巨头硬碰硬，任正非受到毛泽东在解放战争时期农村包围城市道路的启发，也为华为制定了一条农村包围城市的销售策略。这时中国广大农村还没有被这些国际电信巨头占领，使得华为借此生存了下来。

"农村包围城市"的策略救出了在危机中的华为，使华为在中国市场上看到了希望。后来的实践证明，这一策略不仅让华为积累了反攻城市的资本，还使华为积累了技术，培养了一批优秀的营销队伍和研发团队。

当时因为国际电信巨头们无暇顾及中国农村市场，再加上中国农村条件艰苦，很少有企业愿意去那里开拓市场，而华为在农村包围城市这一条道路上充分发挥了艰苦奋斗的精神。华为也知道进军农村十分艰苦，但是为了活下去，不得不走这条路。事实证明艰苦是值得的。

20 世纪 90 年代末，国内公司的 2G 技术远远落后于西方公司，中国市场已被国外巨头垄断，大中城市已经被瓜分完。华为在求生存中发现，农村的 GSM（全球移动通信系统）有市场，因为当时很多人在城市买手机后，回到农村无法使用。为了打开市场，2000 年左右，华为 GSM 把目光投向了广大的农村、乡镇等边远地区。

为了适应农村市场的需求，华为设计了一款边际网小基站的产品，这种小体积、低成本、快速建站的产品在农村和乡镇受到欢迎。在边远地区，工作条件十分艰苦，后来很多员工回忆在那些地区工作的情形，都觉得有时候真的很危险。尽管华为人吃了不少苦，但也让 GSM 逐步站稳了脚跟，在农村立足后，又逐渐扩大到县城，使华为 GSM 在逐步打开全国移动和联通的市场。

进入农村开拓市场是华为不得已的选择，但正是这种防止以卵击石的策略，让华为暂时躲避了那些国际巨头的视线，没有被扼杀在摇篮中，而如今华为已经发展了30多年。

3.2 为了活下去，转战海外

虽然华为在农村市场春风得意，躲过了被扼杀的命运，但这不是华为的最终目标，华为要想继续生存下去，就要有更为广阔的市场。当时的华为积攒了一定的实力，也取得了一些成就，但是仍然未能进入中国的主流市场，于是华为开始了海外扩张之路。这条路实际上和开拓农村市场一样艰苦，甚至更为艰苦，用任正非的话来说，这就是一块盐碱地，华为人要深耕盐碱地，在这些贫瘠的土地上创造价值。对于华为为什么要开始海外扩张之路，任正非曾这样说道：

“我们在GSM上投入了十几亿研发经费，多少研发工程师、销售工程师为之付出了心血、努力、汗水和泪水。在1998年我们就获得了全套设备的入网许可证，但打拼了8年，在国内无线市场上仍没有多少份额，连成本都收不回来。2G的市场时机已经错过了，我们没有喘息，没有停下来，在3G上又展开了更大规模的研发和市场开拓，每年近10亿元的研发投入，已经坚持了7至8年，因为收不回成本，华为不得不到海外寻找生存的空间。”

华为向海外扩张的根本目的就是活下去，这与开拓农村市场的目的是一样的。从1996年开始，华为开始进军全球市场，同样地，在全球市场上，条件好的地区也早已经被其他国际企业占领，剩下的只有那些艰苦的地区，华为又一次发扬了在中国农村奋斗时的精神，在海外的众多艰苦地区占领了市场。华为在海外的奋斗史让很多同行都感到敬佩，他们在艰苦地区帮助很多人解决了通信不畅的问题，也逐渐让竞争对手意识到华为是一个强大的对手。

华为人在海外的奋斗是很多企业无法做到的，其中的艰辛只有华为人自己知道。比如在阿尔及利亚这样一个沙漠中的国家，由于石油和天然气贮存量十分丰富，恐怖主义活动猖獗。但是华为当初为了争取更多的发展机会，毅然前往此国的一个城市开通 CDMA－WLL。

在非洲马拉维这个国家，由于蚊虫多得吓人，在该处工作的华为人都得过疟疾，很多员工甚至不只得过一次。另外，战争结束后华为人进入了伊拉克，在不安全的情况下保障了客户的通信。对华为开辟海外市场的艰辛，任正非就曾描述过：“奔赴海外，无论是在疾病肆虐的非洲，还是在硝烟未散的伊拉克，或者海啸灾后的印尼，以及地震后的阿尔及利亚……，到处都可以看到华为人奋斗的身影。”

这些对于华为在海外的艰苦奋斗来说，只是冰山一角，华为也因此在全球各地销售了自己的产品和服务。据统计，2016 年，华为销售收入达到 5216 亿元，其中就有 59% 来自海外市场，华为销售的产品正服务于全球 30 多亿人口。

在海外市场，华为的路也不是那么好走，最初在很多国家和地区投入了许多，得不到回报，有些市场多年后才能盈利。早期华为也避开了与国际大企业之间的硬碰硬，所以在海外很多重要的市场上，华为最初很难进入主流市场。但是华为却坚持下来了，使其海外收入超过了国内收入。

华为能取得今天的成功，很大程度上在于艰难之时华为人能够坚持不懈地走“农村包围城市”道路，在电信巨头们看不上的盐碱地上深耕，在赚取薄利的基础上，积少成多。在夹缝中生存下来的华为，在管理上得到了锻炼，在全世界的销售水平也提高到了国际水平。

4. 聚焦价值客户，同时不放弃小国家

企业的精力是有限的，不可能面面俱到，有时候只能将大多数注意力放在重要的客户和重要的产品上。创业之初，不管大小机会都大量投入的做法，在企业发展到一定阶段后，就容易导致成本过高，甚至会成为企业的负担。因此，企业在营销中，在充分尊重客户、满足客户需求的基础上，在资源的

分配上也应该有轻重之分。

著名营销大师菲利普·科特勒在客户管理上提出过“二八法则”。就是说，在客户管理中，企业80%的收入来源于20%的大客户，而剩余80%的小客户实际上只为其企业贡献了20%的收入。为了让企业能够长久经营下去，绝对不能失去这些大客户，因此要将优质的资源用来为大客户服务。

4.1 优质资源向优质客户倾斜

企业要生存就要赚钱，这就需要培养一批对华为具有重要价值的客户，也就是那些优质客户，双方在相互忠诚的基础上，建立一个长远的合作关系。华为发展早期，在“农村包围城市”、深耕盐碱地的策略下，对很多地区和国家不计回报的投入也产生了高昂的成本。如今华为已经成为行业老大，策略上也进行了调整，实行的是优质资源向优质客户倾斜的策略。

为了落实优质资源向优质客户倾斜的策略，华为将优秀的干部派往一线，用更为优秀的人才服务优质的客户。任正非说华为要让“少将连长”来指挥炮火，就是希望能将这一策略落实。他在内部讲话中就表示：

“今后华为将对‘八爪鱼’式的策略适当调整，虽然有些地方会缺一个角，但和客户的战略黏结度强了。我们会多派出一大批‘少将’，提高对优质客户的服务质量，也增强了客户的竞争力。敢于把优质资源向优质客户倾斜，最终与客户建立战略合作伙伴关系。”

优质客户就是对企业有着重要价值的客户，说得通俗一点就是，谁给企业的钱最多，谁就是企业的优质客户。任正非也说，在客户购买华为的产品时，就要观察华为能否赚到钱，并且能否与客户建立长久的合作关系，这是营销人员具备的基本素质。所以能让华为赚到钱的客户，就要派“少将连长”过去服务。

华为在全球各地都有业务，并不是越艰苦的地区，就能获得越大的利润。华为在海外市场20多年的摸爬打滚中，发现发达国家市场就是华为的优质市场，那里的大客户就是华为的价值客户，因此华为的优质资源也应该向发达国家市场倾斜。发达国家集中的西欧自然也成了近几年华为主攻的市场，华为不遗余力地在西欧市场提高自身的品牌影响力，使产品销售在西欧占有更多的市场份额。

在2013年举行的全球分析师大会上，华为的轮值CEO徐直军表示，华为未来五年的运营商业务，将主攻发达国家市场，让发达国家市场成为华为业务新的增长点。这其中不包括美国，华为目前在进军美国的道路上受到了重重阻力，但华为也表示绝不会放弃进入美国市场。

在同一年，华为也表示其在欧洲的员工人数五年内将增长近一倍，尽管华为的对手如阿尔卡特朗讯、爱立信等都在裁员，华为仍计划在四五年时间里在欧洲新招聘5500人，使华为在欧洲的员工规模能达到1.3万人。

自从华为将欧洲市场作为主攻市场后，华为的产品在欧洲销量上取得了巨大成功，华为的品牌知名度也大大提升。

华为在欧洲的投入，获得了相应的回报，说明华为的战略调整是正确的。这也符合任正非所说的，在去开发新的市场时，不能盲目，要开拓有希望的市场。优质资源向优质客户倾斜，就是要聚焦价值客户，防止企业的力量过于分散，满足不了价值客户的需求。在华为看来，现在不再是盲目扩张的时候，而应该聚焦在少量有价值的客户和少量有竞争力的产品上，在少数点上取得突破。

4.2 不放弃小客户、小国家

华为聚焦有价值的客户，将优质资源向优质客户倾斜，并不意味着华为会放弃那些小客户，尤其放弃对一些小国家的市场开拓。华为开拓的是有希望的市场，不管国家大小、发达与否，有希望，华为人就会去。

华为一直坚持的是普遍客户原则，以客户为中心，就是要在处理客户关系时，做到一视同仁。市场小的小国家，订单也少，华为也不会因此而轻视，在与客户的对接和出售的产品质量上并不会区别对待。任正非2016年在中亚地区部员工座谈会上说道：

“任何国家都是主战场，不能放弃；同时聚焦价值客户，要有战略选择。如果能放弃第一个小国，我们就会放弃第二个小国，又可以放弃第三个小国……，就会把全世界小国都放弃掉。‘防线’就往后退，退到哪里呢？退到中国。在中国可以退掉西藏、云南、贵州，再退掉新疆、青海……，那就剩北京、上海了。北京、上海最赚钱，但能守得住吗？别人一围，我们就死掉了。所以为了活下去，每个‘阵地’对公司来说都很重要。”

价值客户虽然对企业的利润贡献大，但毕竟是少数的，市场竞争如此激烈，企业很多时候还需要小国家的市场来增加产品收入，才能维持经营。还有很重要的一点就是，如任正非所说，如果企业能放弃一个小国家市场，就能放弃第二个、第三个，最后就会失去所有小国家市场，当价值客户不稳定时，企业的产品就卖不出去了。

2004 年，华为与文莱电讯公司在文莱一家酒店举行华为承建文莱 NGN（下一代网络）的开通仪式，这是当时全球规模最大的商用 NGN 网络之一，华为特意邀请了全球 40 多家运营商，共同出席会议。举行开通仪式的一大早，任正非就站在会议大厅门口，手持名片，向入场客户挨个发放，并说道：“您好，我是华为的，我姓任。”一些初次与任正非见面的客户，看到名片上的姓名、头衔以及任正非本人时，都惊讶不已。任正非以及其他华为人不管身在何地，对待什么客户都能一视同仁，这是华为的核心价值观决定的。

华为人对待每一位客户都是尽心尽力，并且礼貌周到，不管客户的职位如何。在一些欠发达地区，华为销售的产品也竭力满足客户的需求，不会因为华为拥有先进的技术和经验就将自己的想法强加在客户身上。

很多人会有疑问，既然华为坚持普遍客户原则，为什么又要聚焦价值客户呢？这样看来华为似乎并没有做到对所有客户都一视同仁。对此，在讲话中，任正非又说道：

“每个区域都很重要，但对客户要有所选择。我们对客户的认识要做适当改变。世界那么大，我们不能什么市场都做，如果为了服务几个低价值客户，把优质客户的价格都拉下来了，那就不值得了。”

不同的客户有不同的需求，发达国家市场与艰苦地区的市场需求也有所区别。有些市场利润低，长期不赚钱，企业不能一直亏损下去，也不能因此消耗掉过多的资源，影响了对优质客户的服务。

5. 用价格战策略，挤压对手市场空间

在市场竞争中，虽然不提倡用价格战，但是为了提高竞争对手进入市场的门槛，企业在发展初期也经常会使用价格战来奠定市场基础。很多企业都明白，产品以高价卖出带来的利润会更高，他们也希望产品能卖出高价，但是在竞争中，在产品性能、质量相差不大的情况下，价格通常是吸引客户的重要因素。因此，企业在能够收回成本、取得一定利润的情况下，适时降价，以争取客户，并且与客户建立长期的合作关系。

5.1　华为早期用价格战，抢占了不少市场

华为在发展的早期，迫于生存压力，在各方面不占优势的情况下，也采用过价格战的策略来抢占市场。当年在国内市场与那些电信巨头竞争时，虽然在竞争对手也压低价格的情况下，华为没有能进入主流市场，但是在走“以农村包围城市”的道路时，华为产品的低价格就体现出了优势，这也是华为能够在农村市场立足的原因之一。

华为进入海外市场时，首先进入的是那些市场较大的发展中国家，因为当地的市场对产品的要求没有发达国家那么严格，华为的低价格优势也能发挥作用。华为在国内反攻城市市场后，在与当初的国际巨头竞争时，在价格上的优势也让这些国际巨头们吃了不少苦头，并且成功抢占了一部分市场。

2008年，华为与全球各大电信巨头共同竞争中国电信近300亿的CDMA

大单。在这场招标争夺大战中，阿尔卡特朗讯、加拿大北电、中兴给出的报价都在70亿元至140亿元之间。华为的报价却让所有人大吃一惊，因为其报出了7亿元的超低价格。很多人以为华为是在搅局，这样的报价根本没钱赚，事实上，尽管华为的报价如此低，但仍能赚到可观的利润。

华为能以低价来获取竞争优势，是因为其多年来在研发、成本、整体解决方案上的大量投入，让华为有资本压低价格。2004年西门子公司董事会的一份内部汇报中就认为，华为有着很低的研发成本，华为投入1元能研发出的产品，欧洲企业可能需要投入10元才能研发出来。

华为能以低价格胜出，在于其舍得投入，不断创新，并利用中国的人力优势，使其产品不仅价格低，而且在质量和技术上也能满足客户需求，要不然不会在很长的时间里都能得到客户的信任。产品如果仅仅只有低价格，没有质量保障，客户也不会购买，因此华为并不是产品质量差才低价出售产品，在让客户享受低价优惠的同时，也能得到质量保证。所以说，华为在扩张的道路上，不仅有价格的优势，其产品也有真正的技术含量，而且技术的优势也在不断增加。

2002年，任正非在营销系统干部培训的讲话中就说过：

"未来企业的竞争，有三个要素：产品的质量好，服务好，价格低。除了抓住这三个要素没有别的生存办法。华为的产品好，可以卖高价的时代我想也永远不存在了。"

华为在发展中国家占有一定的市场，并且在实践中进一步提高产品的质量后，开始进入发达国家市场。在欧洲市场上，华为的价格优势也发挥了重要作用。华为的价格相对较低，但也不是恶意降价，因为这会影响华为的品牌形象。

2009年，在爱立信的家门口瑞典，华为赢得了Net4Mobility在北欧地区最大LTE网络独家供货合同。这让爱立信备感压力，并且开始改变以往的竞争策略，更加注重市场占有率。随后，在北欧运营商TeliaSonera的LTE商用网络扩容计划中，爱立信这一次在家门口与华为的竞争中，夺取了订单，扳回了一局。对于这次爱立信胜出的原因，TeliaSonera首席技术官表示，因为爱立信的报价比华为更低，也就是说双方都开始使用价格战。

为了能够在价格上比华为更具有优势，爱立信必须缩减成本。华为能够出低报价，是因为其人力、研发等成本低，所以即便是低报价也能有丰厚的利润。但爱立信不同，他们为了节约成本，只能依靠裁员的方式，在2009年，爱立信就计划裁员6500人，之后这一计划还在继续。即便如此，爱立信的利润也开始飞速下滑，在2013年，华为的销售收入就超越了拥有百年历史的老牌企业爱立信，而且净利润是爱立信的近2倍。

华为之所以能采用价格战的策略，不是其在不计成本地打压对手，而是因为低报价不仅能赢得市场，还能有不错的利润。华为在成本上的优势，是支撑价格战的基础，任正非也说，中国能制造出高质量、低成本的产品是有社会基础的，华为也是依托中国的劳动力市场才得以保持低成本的优势。

实际上，有些企业为了与华为竞争，也参与了价格战，保留毛利润也要拿下市场，有些甚至亏本也要拿下，这就容易陷入恶性竞争。华为一直反对恶性竞争，尤其是在近几年的发展中，加强产品质量建设的华为对价格战策略也有了新的思考。

5.2 华为调整价格战策略，营造良好的竞争环境

起初在海外市场，华为的低价格没有引起竞争对手的多大重视，但是华为发展的速度超乎了他们的想象，他们也开始对华为进行攻击。而华为也认识到价格战不是长久之计，因为“杀敌一千，损兵八百”，在挤压对手的生存空间的同时，自身也会受到一定的伤害。为了保持新的优势，华为大力创新，提高产品的质量，以适应新的市场格局。

从前文中，我们了解到，华为在海外的成功，绝不是仅仅因为价格低，还有高质量的产品和服务。华为花了几十年时间学习西方先进经验，就是为了能够服务好客户。华为在价格战中也曾深受其害，因此也尽量避免价格战，

早在2005年任正非就指出：

“在海外市场拓展上，我们强调不打价格战，要与友商共存双赢，不扰乱市场，以免西方公司群起而攻之。我们要通过自己的努力，通过提供高质量的产品和优质的服务来获取客户认可，不能由于我们的一点点销售来损害整个行业的利润，我们决不能做市场规则的破坏者。”

华为一直积极倡导与同行业的企业建立一个良好的市场环境，因此恶性的价格战就要避免，不能以破坏市场规则来赢得竞争，否则就会成为众矢之的。华为将自己的竞争对手都称为友商，就是希望能够与他们既竞争，又保持良好的关系，并且积极寻找与友商合作的机会。这是华为成为行业领导者后，对市场更为深刻的理解。

华为的消费者业务在这几年做得风生水起，在市场产品琳琅满目的情况下，消费者有了更多的余地，价格仍然是吸引消费者的重要因素，很多手机厂商陷入了价格战中。但华为明确表示希望能够避免价格战，其实不少厂商也表示价格战最终伤害的还是企业。

2015年，华为荣耀品牌总裁赵明，就表示当年国内手机厂商进行的价格战，实际上最终会损害企业对产品的投入，势必会影响产品的服务和品质。他还表示希望荣耀手机能够避免价格战，促进整个行业的良性竞争。

在当年的“6·18”电商年中大促销时，华为荣耀也确实是这样做的，他们不仅没有降价，还增加了1元钱。对此，赵明的解释是，希望通过增加这1元钱来宣誓荣耀对服务和品质的关注，“消费者实际上对这种价格战已经审美疲劳，我们应该回归到产品本质”。

在赵明看来，有些企业打着大幅降价的噱头，实际上是向消费者倾销积压滞销的低质产品，而消费者需要的是从产品中感受到企业对他们的尊重，这就需要产品有好的品质。

华为在进入市场时，为了生存，在价格战的优势下，打开了不少市场，这也让华为充分认识到了其中的好处与坏处。随着消费者对产品的要求不断提高，华为也知道单纯的价格战已不一定具备优势，必须要有过硬的产品质量和服务才能赢得市场。

那些认为华为在与行业巨头的竞争中完全靠价格战获胜，并想效法华为的企业，也应该看到华为每天在研发、质量建设上的投入，还有对销售人才等各类人才的培养，这些才是华为能够走到今天的真正原因。

6. 坚持"针尖"战略，形成局部优势

竞争中，企业应该在某些领域形成一定的优势，虽然不能面面俱到，但可以在一些关键技术或业务上投入，以形成局部优势。每一个小小的优势，都可能创造出巨大的价值。华为在国际化的过程中，经受了很多诱惑，在做出选择时，华为坚定不移地将业务聚焦在几个领域，而不是所有业务都做，这也让华为在某些技术和业务上始终保持着优势。

6.1 集中优势，重点突破

华为多年来坚持压强原则，主张集中优势兵力，实现重点突破。最近几年华为提出的针尖战略，也是华为聚焦战略的另一种表述。对于华为为什么要坚持针尖战略，而不是全面铺开，形成更大的优势，任正非曾用钉子的作用来做出解释。任正非说，钉子虽小，却可以穿透很多硬物，这是很多体量大的物体做不到的，钉子之所以能做到，是因为它将冲击力集中在小小的尖上，对物体的压强更大。华为要做的就是像钉子一样，聚焦的点不多，却能在很多重点面上实现突破。对此，任正非还说过这样一段话：

"我们在作战面上不需要展开得那么宽，还是要聚焦，取得突破。当你们取得一个点的突破的时候，这个胜利产生的榜样作用和示范作用是巨大的，这个点在同一个行业复制，你可能会有数倍的利润。所以说我们要踏踏实实沿着有价值的点撕开口子，而不要刚撕开两个口子，就赶快把这些兵调去另

外一个口子，你们分兵多路，最后就必然是死亡。”

在一个点上寻找突破，进行技术创新，好过分散力量在任何一个点上都难以实现突破。要做到像钉子一样穿透硬物也不是件容易的事，摩拳擦掌的过程也是漫长的，华为要的是长期利益，因此也有耐心花时间和资源进行战略聚焦。

华为创立之初，作为没有背景、资源的民营企业，找不到突破点，尤其是在面对技术先进的电信巨头时，华为更显得底气不足。后来，华为意识到要打破这种局面，就必须自己做研发创新，尤其是任正非在美国之行后，感受到了美国企业创新的活力，更加坚定了要做技术研发，在某个领域形成竞争力的决心。

1993 年，华为在资金匮乏的情况下，启动了技术研发的任务。任正非当时瞄准了美国 AT&T 五号机技术，于是集中公司所有资源研发程控交换机技术，这是当时中国市场稀缺的技术。在任正非的鼓励和带领下，华为员工以不成功便成仁的决心成功研发出了 C&C08 程控交换机。这次研发成功让华为与竞争对手的距离缩小了一步。

C&C08 程控交换机研发取得成功后，华为将赚取的全部利润又投入光传输设备的研发中。当光传输设备推向市场并获得利润后，又将这些利润投入数据通信和无线产品的研发中。华为每次的研发都投入了大量的资源，集中人力、物力、财力，提高了成功的概率。

在核心技术上取得一系列突破，并获得丰厚的利润回报后，华为对研发的投入更多了。即使是在行业不景气的时候，华为依然保持了大量的研发投入。2017 年，华为在研发上的投入已经高达 764 亿元。

华为最初在研发上的投入，是华为压强原则指导下的结果。为了让华为继续坚持战略聚焦，在 1998 年，华为还将压强原则写入了《华为基本法》中，并做出了具体解释：“在成功关键因素和选定的战略生长点上，以超过主要竞争对手的强度配置资源，要么不做，要做，就极大地集中人力、物力和财力，实现重点突破。”

战略聚焦的一个重要目的就是要突破，要超越。华为已经成为行业领导者，但是相对美国等发达国家的企业来说，还是有些距离的。同时，华为的策略是指在某些技术上实现超越即可，不能要求全面超越，否则在任何一个领域都难以实现超越。这从任正非的一段话中可以看出华为的考虑：

“我们是一个能力有限的公司，只能在有限的宽度赶超美国公司。不收窄作用面，压强就不会大，就不可以有所突破。我估计战略发展委员会对未来几年的盈利能力有信心，想在战略上多投入一点，就提出潇洒走一回，超越美国的主张。但我们只可能在针尖大的领域里领先美国公司，如果扩展到火柴头或小木棒这么大，就绝不可能实现这种超越。”

任正非从毛泽东的军事理念中学到了“集中优势兵力打歼灭战”的战术，华为很早就能认清发展的方向，并且一旦确定一个方向，就能全力以赴，努力在这个方向上做到行业领先。

6.2 不与别人产生利益冲突，在无人区做引领者

在新的发展阶段，华为提出的针尖战略，在此前的基础上，增加了一些新的含义。这主要是因为华为正在引领行业的发展，逐步进入无人区，继续做行业领导者需要保持技术上的领先。华为强大后，也要为构建一个良好的商业环境而努力，不打压他人，不与其他企业有利益冲突。

2014年，任正非在华为上海研究所专家座谈会上的讲话时就提到：

“我们收窄战略面，在针尖领域，踩不着别人的脚。我们在主航道上是针尖战略。针尖战略就是冲到最前面。不与别人产生利益冲突。”

这是华为的经营智慧，收窄战略面，坚持把产品做精，用产品的品质说话，与其他企业和平共处。因此，该放弃就要果断放弃，在收窄的战略领域要坚决收窄，凡事做到最好，在没有竞争对手的情况下，也不要侵犯他人的

利益，这样才会避免在同一个产品上与众多企业争夺市场。

2015 年，在瑞士达沃斯举行的世界经济论坛上，鲜少露面的任正非不仅参加了此次论坛，还接受了媒体的采访。在采访中，任正非表示，华为不会把任何人当作敌人，而是希望与大家一起共建这个世界。同时他也表示，在与其他企业共同创建世界时，华为有自己的分工，现在和将来都只会做一点点事。

比如，他对日本企业说，华为如果做数学逻辑，就绝对不会进入物理领域，所以日本企业不用担心华为会与他们竞争材料技术。他又跟微软说，永远不会做搜索。任正非认为，这样大家才会坐在一起共商合作，跟大家做朋友，不触碰他们的利益。

所以说，华为的针尖战略是聚焦在其主航道上的，不会强行进入其他行业，与他人争夺利益，这就是华为有所为和有所不为的思想。

华为的针尖战略实际上在西方公司也有过类似的案例，正是在这种思想的指导下，不少西方公司都始终保持在某个领域内享有领先地位。

美国的通用电气公司总裁杰克·韦尔奇就有一个“数一数二战略”，在通用电气公司还存在 100 多个事业部时，他就认为如果这 100 多个事业部中的任何一个都不能做到行业的第一、第二，就应该裁掉或卖掉。最后，通用电气公司只保留了 12 个事业部，任何一个在行业内都是数一数二的。

华为需要的也不是大摊子、大规模，而没有利润，他们需要的是“在针尖大的领域领先”。华为认为自己能够在短短 30 多年间成为行业引领者，就是因为能够始终保持专注和聚焦。

7. 面对未知的未来，勇于做市场的领导者

有的企业认为销售收入能够维持经营活动，并有一定的盈余就够了，不

会梦想成为市场的领导者。事实上，不少领导市场发展方向的企业，最初的目的都是生存下去，在竞争环境的逼迫下，不得不持续进步，最后成为市场领导者。

华为就是如此，成为行业的领军企业后，又在积极思考，该如何扮演好未来市场领导者的角色。

7.1　以行业领导的身份，带领行业前进

面对未来的不确定性，华为就表示要有勇气继续做市场的领导者，带领行业向前发展。毕竟华为已经走到了通信行业的前沿，前面已经没有探路人，需要自己探索，并带领其他企业前进，就像当初爱立信等老牌企业所做的一样。

一个生活在草原上的族群被其他族群赶到了森林里，在族群为走出森林而困惑时，丹柯出现了。因为一些曲折，族人对丹柯有所抱怨，为了向族人保证自己会带领他们走出森林，丹柯取出了自己的心，高高举过头顶，照亮了族人前进的路，最终带领他们走出了森林。

在任正非看来，华为已经走在了通信业的前沿，就要做通信业的丹柯，引领通信产业前进的路。虽然决定方向是十分艰难的事，对未来的不确定，华为也可能会付出巨大的代价，就像丹柯一样。任正非还表示，华为要坚持开放，与合作伙伴共享成果，一起探索未来的方向。

自从2013年超越爱立信成为行业第一以来，华为在很多领域都成了市场的领导者。现在华为思考的是该如何做市场领导者，而且随着华为进入无人区，这个问题的解决越来越迫切。

在探索做好市场领导者上，华为增加了对人才的吸收以及研发的投入——这也是对未来不确定的投入，以建立新的优势，找到正确的方向。为此，华为在世界各地建立了多个研发中心，吸收不同类型的人才。

在回答如何做好市场领导者的问题时，华为表示要谦虚，不能傲慢，不管是对待合作伙伴还是竞争对手都应该如此。领导者是要带领行业一起前进，

而不是威胁他人的生存。对此，任正非有过表示，他说：

“怎么做一个谦虚的领导者？如何使华为的存在，客户认为是有益的，社会认为是有益的，竞争对手认为有益的，供应链伙伴也认为是有益的，这就是华为的转型。”

华为虽然在总体上成了行业第一，但是在某些领域还未成为领导者，在华为针尖战略的指导下，华为也积极参与到成为某些领域领导者的竞争中来。这两年在不少场合都表达出要在一些领域做市场领导者的想法，并且积极实践起来。

华为 2016 年在德国举行的 CeBIT 2016 上发布了企业业务全新营销主题，即“引领新 ICT（信息与网络技术），共建全联接世界”。这一年华为企业业务也以“Leading New ICT”为口号，2016 年的华为企业业务炫动 ICT 中国行同样也以“引领新 ICT，共建全联接世界”为主题。

华为之所以想做 ICT 的领导者，是因为新的技术正在重塑企业的 IT 系统和商业模式，这对产业环境也将有深刻的影响。在华为倡导下的新 ICT，将 IT 与 CT 充分融合，可以支持业务创新和适应业务快速变化。为了做好 ICT 的领导者，华为还开设了 ICT 学院，用开放和生态的方式培养人才，并将华为产业链上下游企业一起拉入人才培养中来。

华为在 ICT 市场领域为什么一定要成为领导者，不仅在于这片市场对华为未来的发展有着非常重要的作用，还在于在市场上成为第一和第二之间有着巨大的差距。能够成为第一才能在市场中保持优势，占据大部分市场，第二获得的利润与第一相比可相差数倍。

华为自成为行业领导者以来，通过积极探索，也取得了不少成绩，在一些国际权威机构的评价中，华为在一些领域已成为领导者。

全球著名的分析师机构 IHS Infonetics 发布的 2015 年度 IMS 供应商领导力

调查报告中，华为在市场上的良好表现以及强劲的发展势头使其在排名中位列第一名，被评为IMS领域的市场领导者。

从考察的两个方面来看，在市场表现上，调查报告对多项标准进行多维度评估后，发现华为整体IMS市场份额远远领先整个行业，在产品和服务方面获得了运营商的高度认同；在发展势头上，调查报告对各大供应商在市场增长、创新能力、下一代技术等方面进行了评估，华为综合得分为第一，处于领先地位。

面对未知的未来，企业要想不被超越，就要在未来有领导市场的勇气，在某些方面持续保持优势，否则就会被超越。华为现在是市场领导者，之前同行业也有不少企业曾经很风光，但大多都在激烈的竞争中消失或被合并，如今剩下的就只有几家大企业。华为是一家有强烈危机意识的企业，在行业做市场领导者也是为了避免重蹈覆辙。

7.2 敢于做世界领袖

在以行业领导者探寻未来方向的路上，华为积极参与行业的国际标准制定，为未来新的发展规则出一份力，并且展现自己的领导力。华为追求的是在口碑和影响力上都能达到世界领先水平。2017年在华为松山湖基地对员工的讲话上，任正非说过这样一段话：

“我曾说过，‘都江堰疏导不了太平洋’‘八百里秦川何曾出过霸王’‘秦淮河边上产生不了世界领袖’……讲的就是我们一定要有称霸全世界的雄心，要去做世界领袖。”

华为努力将自己建设成一家成功的全球性企业，为其海外扩张奠定了基础，同时其领导行业发展有了坚实的基础。华为实现成为世界领袖的梦想还有一段距离，仍需要在创新上有更多的突破，并且承担更多的责任。

其实，华为的雄心一直都存在，在其奋斗的前20多年里，在成为行业领导者的道路上努力着，现在是在为成为未来市场的领导者而努力。华为深知第一和第二的区别，因此才在重要业务上不甘心落后于他人，为此任正非才在考察华为松山湖基地时，表示一定要加强质量建设，因为“未来是质量的世界”。质量是企业能够引领行业发展的最为重要的因素之一。

华为手机能够迅速崛起，与华为做最好的手机的野心不无关系。其实在2004年，华为就在上海研究所组建了手机终端开发团队，当年年底，手机终端从无线分拆，开始了独立运作。这时，华为手机的品牌影响力在市场上也很弱，很少有人知道这个品牌。

到了2011年，华为做出战略调整，手机舍弃白牌，进军全球手机市场，并由余承东执掌终端业务。当时，余承东就对外界表示：“这么多年，在华为人的心中只有第一，没有第二。”在他看来，华为手机终端要么做好，要么垮掉。在这样的雄心和决心下，华为手机终端也充分发扬了华为人艰苦奋斗的精神，凭借着数十年来在通信领域积累的丰厚技术，以美观的外形和高质量的品质赢得了消费者的喜爱。华为手机销量2016年在全球保持着前三的位置，在国内多次登上销量第一的宝座。

尽管华为手机已经成为全球销量前三的品牌，但华为手机终端业务并不满足于此，这两年，一直在努力超越苹果和三星手机。华为也明白，要想超越它们，在手机终端业务上更上一层楼，就要向前两名的质量和服务看齐，甚至要做得更好。

第3章 为客户创造价值

客户从企业购买产品，是为了能够得到良好的服务以及完整的解决方案。换句话说，企业满足了客户的以上条件，才能成功向客户推销产品，让客户心甘情愿掏钱购买产品。企业向客户销售产品一定要以帮助客户实现商业成功为目的，这是企业产品销售能否成功的决定性因素。

1. 全方位满足客户的当下需求

很多企业都在提倡以客户为中心，全力满足客户的当下需求，但是真正做到这一点的企业并不多。这其中很大一部分原因就在于企业没有完全理解以客户为中心的含义。以客户为中心，需要想客户所想，做客户想做，使客户购买企业的产品和服务后能够收获巨大的商业利益。因此，客户需要的是企业能全方位满足其需求。华为当初建立和完善"铁三角"模式，就是为了能够全方位满足客户的需求，不漏掉客户的任何需求。

1.1 全方位为客户服务

为了能够满足客户的每一个需求，甚至做到比客户要求的还要好，超出客户预期，企业应该建立和完善客户服务全方位体系。全方位为客户服务不是某一个团队或部门可以完成的，需要全体员工的配合，一个完善的服务体系有助于提高客户服务质量。同时，企业还应保持专注，在为客户服务时，要专注于所做的事情，提高产品的质量和技术。任正非早在写《华为的红旗到底能打多久》一文时，就对华为人提出过要求：

"紧紧围绕在电子信息技术领域发展，不受其他投资机会所诱惑。树立为客户提供一揽子解决问题的设想，全方位为客户服务。"

华为的聚焦战略，在主航道上的持续投入是为了更好地为客户提供全方位的服务，这是华为以客户为中心的企业核心价值观的要求。

管理客户关系在满足客户需求时同样非常重要，为确保客户的需求都能得到满足，就要了解客户需求，与客户保持良好的关系，这有利于发现客户需求，并根据客户的期望制订相适应的方案。

2016 年，周美华（化名）在华为 A 系统部网络销售解决方案部的呼唤下，帮助项目组在最早期参与对客户商业模式的设计。整个项目投资大、周期长，但利润不一定高，所以在早期确定盈利模式、投资回报率就显得非常重要。

当时的情况是，客户不愿提供预算，也不想加款。在这样的情况下，是很难制定出合理的商业模式的，所以一个星期过去了，周美华仍然没有给客户答复。直到有一天，听到一位同事提起共享的概念，周美华才有了一些头绪。经过向同事咨询，她得到了同事提供的四个资产出表的模式，其中有一个就是“网络共享，桥接资源”，这恰恰是她苦苦寻找的模式。接下来，周美华把所有与商业模式和融资有关的材料查看了一遍，并与同事一起讨论，制订模式图。

最初，方案交给大家讨论时，很多人不看好这个方案，认为操作难度大。周美华想可能是由于自己未把项目说清楚，才会让同事们这么认为。在她重新梳理报告后，方案果然通过了。之后，又得到了客户认可，在实施中帮助客户降低了不少成本。

在为客户创造价值的过程中，每一个问题都应该认真对待，因为一个小问题也能引起巨大的麻烦。在上述案例中，售前财经问题的解决可以帮助客户节省大量成本，这无疑满足了客户在投入上的要求。每个项目，都有众多环节，若企业能够在这些环节中都满足客户的要求，企业的销售工作就容易得多。

1.2　面对五花八门的客户需求，要换位思考

客户需求多种多样，对于类似的项目，不同的客户又会提出不同的需求。面对客户提出的苛刻要求，企业在认为要求合理的情况下，要耐心地去完成。有些客户对自身要求很高，而且客户所处环境不同，也会在产品的性能上有特殊的要求。全方位满足客户需求，要求企业能全面了解客户需求，让客户对产品有极致的体验，挑不出毛病。

为了能够制订出全方位满足客户需求的解决方案，销售人员在向客户介绍产品时，首先要准确定位客户需求，再据此介绍符合客户需求的产品。

2013年，华为研发的Any Office产品初步成型，交付客户使用后，客户对这款产品非常不满意，认为产品接入需要用户先配置，难以推广。华为研发人员立即根据客户需求改进产品，客户又抱怨邮件列表中文字太小。研发人员将字体调大了一点，客户使用几天后再次抱怨列表中文字太大。

研发人员认为每个客户的体验感受都不一样，产品不可能达到所有人的要求。但随着客户的抱怨越来越多，研发人员意识到，客户体验确实很糟糕，必须对产品进行换位思考，把自己定位为产品的Owner，从产品体验角度去思考问题。研发人员通过每天关注最新信息，听同行谈产品体验，开展用户调研、收集客户声音等方式来改善产品，提升对产品的体验。此后，客户体验有了明显提升，批评的声音越来越少。

换位思考是提升客户体验较好的方式，通过这种方式可以根据客户的具体需求对产品进行改进，以使产品能够满足不同客户的个性需求。在服务过程中，客户经理也应该及时将客户的特殊需求反馈给一线，以便一线能够一次性满足客户。

2. 从“以技术为中心”转向“以客户为中心”

前文提到要全方位满足客户需求，就要提供最适合客户的产品，而不是最先进的产品。这就是说，企业的研发、创新等应该是以客户需求为导向的，而不应该以技术为中心。先进的技术，没有市场需求，就无法获得回报，只有在某一阶段能够满足客户需求的产品技术才能被广泛应用，从而产生效益。

2.1 坚持做工程商人

有些产品在性能、技术上的优势并不突出，却可能恰好是企业想要的，销售人员需要向客户推销的就是这类产品，这才是坚持以客户为中心。那么，什么是以技术为中心？有些产品性能好、技术先进，但不一定是客户想要的，企业硬要将这样的产品推销给客户，站在自我的角度思考问题，就是以技术为中心。任正非在华为的内部讲话中给出过这样的解释：

“当我们壮大后，就想把自己的意志强加给客户。客户需求量大但技术简单的东西，我们不去认真做到最好，反而客户不怎么用但技术很尖端的东西，我们却耗费很大的精力和成本做到最好，这就是工程师，就是以技术为中心。”

不做工程师，而是要做工程商人，任正非是在让华为人多以商人的角度去看待技术，毕竟技术创新需要成本，只有当企业能够从商业活动中获得一些利润时才有足够的成本支撑创新活动。如果企业一门心思做研发，不去观察市场的变化，是难以实现商业成功的，这也是任正非让华为人做工程商人的原因所在。

华为刚进入市场时，在与西方企业的竞争中，发现技术的重要性，因此倾其所有做研发，在某些技术上的成功让华为缩短了与西方企业的距离，但也因为过于看重技术研发，对市场状况了解不够清晰，曾差点导致华为难以生存下去。

20 世纪 90 年代，华为是行业后进者，在 2G 领域因为技术落后在竞争中常常陷入被动局面。为了改变这种局面，华为将希望寄托在 3G 技术上，希望能跟上行业发展的步伐。

当时华为投入了公司近一半的人数在 3G 技术上。2000 年，3G 网络上的终端、基站、控制器等八个全新设备，深圳、北京、上海等地的上千华为人集中到上海金茂大厦六层大楼中开展大会战。2001 年，经过努力，华为终于可以与行业巨头同步推出 3G 产品，自华为成立以来，这是首次。

虽然华为当时成为全球少数能提供全套商用系统的厂商之一，但 3G 的推广并不如预期的顺利。正当华为人希望借 3G 技术翻身时，IT 泡沫席卷全球，国内 3G 牌照迟迟不发，导致华为 3G 业务在三年左右没有任何收获。而华为当初认为 3G 是未来发展主流趋势，因此在 3G 上持续投入，几年下来，研发成本已高达数十亿元。在高投入又迟迟没有回报的情况下，华为感到国内 3G

无望，为了活下去，被迫转战3G海外市场。

华为的失败有全球经济因素的影响，也忽视了市场的不稳定因素。当时华为的实力还不足以与西方大企业相抗衡，面对行业的冬天，生存更加艰难。虽然之后3G技术在海外获得了一定的市场，但华为也因此付出了巨大的代价。

华为从教训中吸取了经验，虽然其对研发和创新的力度从未减弱，但也强调密切联系市场。在向西方先进企业学习的过程中，华为也发现优秀的企业都有自己的企业文化，并且能够在管理上强化员工的客户意识，华为也更加意识到技术必须满足客户需求，才能获得成功。任正非在2010年PSST体系干部大会上的讲话中，就特别指出，华为人要做工程商人，改变以技术为中心的思维方式，他说：

“西方国家认为，最重要的是管理而不是技术，但在我们国家，很多人认为最重要的是技术。因此，在国内，重技术轻管理，重技术轻客户需求，还是比较普遍的。但主宰世界的是客户需求。我希望大家改变思维方式，要做工程商人，多一些商人味道，不仅仅是工程师。要完成从‘以技术为中心’向‘以客户为中心’转移的伟大变革。”

其实，以客户为中心作为华为的企业核心价值观，早已深入华为人的心中。任正非一再强调要保证华为的每个环节、每项工作都要做到以客户为中心。尤其是企业越来越强大时，有些员工不可避免地会滋生自大的心理，忽视客户需求，坚持以自我为中心，认为好的技术客户就应该接受。如果不及时加以制止，并且始终强化员工的客户意识，企业就会陷入以技术为中心的漩涡中。

2.2 以客户为中心，不能忽略了技术

以客户为中心，需要企业用当下能够满足客户需求的技术来帮助客户实现商业成功。也就是说，没有合适的技术，企业也无法做到满足客户需求。

企业反对以技术为中心，是相对于以客户为中心而言的。如果在以技术为中心和以客户为中心中二选一，则需要选择以客户为中心，但这并不代表以技术为中心就不重要。事实上，要真正做到满足客户需求，需要将以客户为中心和以技术为中心两手抓，让企业既有客户服务意识，又能坚持创新，用先进的技术来满足客户需求。

我们发现，华为一直在强调以客户为中心的同时，大力投入研发和创新，这不仅是在为未来的发展探清方向，还是在基于客户需求的基础上更新技术，以随时应对不断变化的客户需求。有些先进的技术推出市场后，很快就能被客户所接纳，也是因为这些技术就是为客户需求而提前定制的。

华为坚持以客户为中心和以技术为中心两手抓，既是为了更好地满足客户需求，又是为了避免任何一方走向极端。2011 年 3 月 31 日，任正非在华为 EMT（经营管理团队）例会上就表示：

“我们要加大以技术为中心的战略性投入，以领先时代。我们以客户为中心讲多了以后，可能会从一个极端走到另一个极端，会忽略以技术为中心的超前战略。将来，我们以客户为中心和以技术为中心两者是‘拧麻花’一样的。满足客户需求的技术创新和积极响应世界科学进步的不懈探索，以这两个轮子，来推动公司的进步。”

所以说，以技术为中心和以客户为中心并不是水火不容的，二者是可以兼容的，而且有远见的企业应该将二者有机结合起来。企业经常是在以技术为中心时放弃了以客户为中心，而在以客户为中心时又不重视及时研发，其中任何一项都不能放弃，两个轮子共同发展，才是对企业最有利的。

企业的发展也要有前瞻性，在了解市场新的需求后，就要加大研发力度，等到时机成熟时，帮助客户获得成功。华为如今已有不少技术处于领先地位，这些技术都是在了解行业发展趋势和发掘客户需求的基础上进行的，这也让华为逐渐在引领行业的发展。

2017 年 8 月，全球权威咨询公司 Gartner 发布的《2017 LTE 魔力象限》

报告中，华为凭借其快速增长的市场份额、商用部署网络以及技术创新等成为 LTE 领导者象限前列，并夺得桂冠。

作为在 IT 行业极具权威的 Gartner 公司的魔力象限报告，被评为市场风向标，可见华为在 LTE 领域的成就已得到专业的认可。在这份报告中，Gartner 公司站在分析师的角度，从执行力和前瞻性两方面对所有端到端的 LTE 设备厂商进行了评估，结果显示，华为 LTE 解决方案已成为全球众多运营商构建 LTE 网络的首选。

这些成果得益于华为倡导 LTE 4.5G 持续演进理念，并率先提出的 5G 化，在这些技术上华为也投入巨大。如今，全球运营商都想通过 4.5G 持续演进提前引入 5G 技术，华为在 2017 年 6 月就已经获得了 90 张 4.5G 网络，而且在 2017 年底预计达到 120 张以上。华为正在运用自身的技术帮助运营商通过移动视频等方式提前实现业务 5G 化。

很多企业早就认识到 5G 将是未来发展的技术，而华为在这方面的技术是行业领先的。这是华为通过考察客户需求以及持续投入技术研发取得的成果。华为也在积极与各大企业合作，共同开启 5G 时代。

在技术创新上，华为一直坚持的是“鲜花插在牛粪上”的战略。这一战略确保了华为不会抛弃传统而盲目创新，而是在开放的基础上吸收原有的成果，继续创新，让长在牛粪上的鲜花又成为新的养料，滋润下一朵鲜花。同时，华为也强调，鲜花一定要插在牛粪上生长，意思就是创新要绑定客户需求，对华为来说就是要绑定电信运营商。在这一战略下的技术创新，才能让以客户为中心和以技术为中心共同推动企业前进。

3. 主动链接，帮助客户实现商业成功

企业向客户销售产品和服务是以帮助客户实现商业成功为目标的，这也是客户愿意花钱购买产品和服务的原因所在。企业应该为客户提供全套的解决方案，不遗漏客户任何一个需求，确保客户能够通过企业提供的产品和服

务实现商业成功。

企业生存需要利润，客户也同样如此，否则客户就没有资金购买企业的产品。也就是说，企业让客户获得成功，收获丰厚的利润，客户才会继续购买企业的产品，这是一个良性循环。

3.1　帮助客户实现成功才是真正的成功

判断企业是否成功最重要的标准就是能否帮助客户实现商业成功。华为所说的坚持以客户需求为导向，实际上就是坚持以实现商业成功为导向。就像任正非所说的：

"华为公司作为一家高科技企业，从创业开始，就始终坚持以市场的商业成功为导向，一切投资、一切管理的改进都紧紧围绕产品的市场商业成功，尤其摒弃的是脱离商业成功导向的、唯技术的创新。"

在任正非看来，华为要活下去，就必须在市场上实现商业成功，而华为想要实现这一目的，就只有通过帮助客户实现商业成功来获得。也就是说，只有客户获得商业成功，企业才是成功的。

企业帮助客户实现商业成功的过程，是企业与客户相互建立信任，并最终确立长期合作伙伴关系的过程。华为在近些年发布的广告图中，很多展现的是华为在条件艰苦地区工作的情形，这是华为企业文化中艰苦奋斗的表现，也是华为帮助客户实现商业成功的决心。不管环境有多恶劣，只要是向客户承诺过的，就要做到，因为只有做到这些，客户才能获得更大的成功。

在全球数字化浪潮涌动的今天，对华为这些通信企业来说，客户的需求也在变化。在为客户提供的解决方案上，客户关注的是方案能够带来的价值。为此，华为服务力求成为帮助客户解决问题的一方，大力培养人才、建设平台等，并且与行业合作伙伴一起探讨如何帮助客户解决问题，在数字化浪潮中，帮助客户走向全云化，并实现商业成功。

华为服务的定位，让其在过去几年里收获满满，2016年的营业收入就达到了133.2亿美元。华为全球服务Marketing与解决方案销售部总裁盛凯在接受采访时就表示，华为服务的价值定位就是为了帮助客户解决问题，帮助客户实现数字化转型的商业成功，他还表示，客户是否成功决定了华为成功与否。同时，盛凯也表示，在2017年，华为解决方案也在向对准客户的商业价值、帮助客户实现品牌提升等转变。

华为服务定位的转变也进一步说明了客户对企业提供的产品和解决方案能否帮助自己实现成功越来越重视。在未来，能够实现客户商业价值的产品也将是客户的首选。对于这一点，任正非2008年在华为中央平台研发部表彰大会上的讲话中就曾指出：

“在产品和解决方案领域要围绕客户需求持续创新。任何先进的技术、产品和解决方案，只有转化为客户的商业成功才能产生价值。”

华为这么多年来，为什么能够在西方电信巨头的重重包围中收获海内外大片市场？最根本的原因不是华为产品价格更低，人力资源更丰富，而是华为通过事实证明自己能够帮助客户实现商业成功，很多西方企业无法解决的问题，在华为手中却能成功解决。在发达国家市场，面对挑剔的客户，没有真才实干是无法取得他们的信任的，华为能够在欧洲、日本等国家或地区获得一个又一个订单，就是华为实力的证明。

3.2 取得客户支持，实现共赢

为客户服务，企业努力还不够，还需要客户的大力支持，客户不支持，在很多方案上有分歧，产品和服务也难以被客户接受。要想获得客户支持，首先要站在客户的立场为其着想，帮助其获利，获得其认可，这样才能得到客户的支持。

客户的支持可使企业在服务过程中少受阻力，并且有利于企业在帮助客户实现成功时，自己也获得成功。在合作之初，有些客户因为对企业没有信任基础，可能会找些借口试探企业的能力，甚至有些客户为了自己的利益，让企业投入过大，导致企业难以收回成本。这些都需要企业能够与客户密切沟通，通过高质量的产品和服务来获取客户信任，从而获得客户支持，实现双赢。

华为在国内某省的网络升级改造中，项目的建设方案最终要客户方集团的批准才行，否则华为最后可能失去订单。在ATB（投标决策）阶段，展现华为的价值，让客户坚定地支持华为，就成为华为人首先要考虑的问题。

在与客户的中高层交流中，华为得知客户认为VoLTE网络复杂，集成难度大，客户在这方面没有经验，希望找到一个具有商业咨询和辅助运营能力的合作伙伴，帮助其实现商业成功。了解这一情况的华为项目组立即主动向客户回馈关于这些项目的经验，并通过多种方式对客户4G发展存在的问题进行全面的体检。这些有针对性的工作得出的结论得到了客户中高层的普遍认可，客户认为华为提供的建议对4G用户发展有很大价值，于是采纳了一些建议，并开始实施。

此外，华为还通过邀请客户参观NFV/VoLTE实验室等方式，向客户展示华为的实力，表示华为有能力帮助其实现商业成功。对于华为主动提出的方案，客户一致称赞，并且认为华为是其真正的战略合作伙伴。最后，华为获得了客户方集团坚定的支持，实现了双赢。

华为非常重视与客户的交流沟通，并且为了得到客户的支持，经常会带客户参观华为，向客户展示华为已有的技术和成功的案例等，这都是获取客户信任的重要因素。企业要想能够在商业活动中与客户实现双赢，就得与客户充分交流，相互了解，相互支持。

4. 为客户提供持续的整体解决方案

在前文对华为“铁三角”的介绍中，我们就了解到，对客户来说，选择一个企业的产品和服务是希望能够得到全面的解决方案。对很多客户来说，怕的不是企业的产品质量不好，而是怕企业无法提供持续的服务。有些客户在购买产品几年后，供应商就无法维持运营或者服务体系建设不够健全，导致购买的设备没有人来维护和升级。所以，现在很多客户在选择购买产品时，都会考虑企业是否具备持续提供解决方案的能力。

4.1 建立全生命周期服务解决方案

在为客户服务的全生命周期中，每个阶段客户都有不同的需求，需要不同的解决方案，企业为客户提供的产品和服务也应该随着阶段的变化而变化。此外，企业的销售不仅是卖产品，还需提供全面的售后服务等，而服务产品体系的完善程度也会直接影响企业产品的销售。

华为在构建全生命周期服务解决方案时，根据客户需求，建立专业化的服务产品体系，并且致力于在不同的生命周期阶段为客户提供多方面的服务。为此，华为还积极创新，申请专利，并制订和优化服务流程，建立标准化服务产品等，提升服务效率。

2013 年，在华为企业业务服务合作伙伴大会上，华为宣布了企业业务主推的 16 款华为标准化服务产品，以及 9 款垂直化服务解决方案。在会上，华为还展示了已经取得成功的优秀案例。在当年，华为的客户群就已经覆盖了金融、交通、医疗、电力等几个行业。

自从 2011 年华为进入企业服务市场，在以客户为中心的核心价值观指导下，积极寻找客户痛点，建立服务渠道，为客户提供贴身服务，在多个领域快速扩张。为了让客户享受全方位的服务，建立全生命周期的服务解决方案，华为在企业服务方面的投入大幅度提高，主要体现在对服务解决方案和对合作伙伴的投入上，华为及其合作伙伴也因为满足客户全方位需求而获得更多的回报。

满足客户全方位的需求，需要一个完善的系统提供支持，并不断优化产品和解决方案，进行全流程跟踪，不断应对每个阶段变化的需求。

全生命周期的解决方案，不仅要全流程跟踪，还要能全面解决客户问题。

客户最在意是企业的综合实力，从产品的设计、生产，一直到售后服务等全生命周期能提供持续的服务保障。通常具备这一综合实力的企业，在竞争中更受客户青睐，华为在多年的积累中，综合实力已经得到一众客户的肯定。

2005年3月，德国电信运营商QSC宣布，与华为达成战略合作伙伴关系，双方共同建设覆盖德国全境200多个城市的NGN网络。当时，参与这个项目竞标的有不少国际性大企业，都是华为的老对手。而当时华为在全球的销售收入还远不及有些国际性企业，华为独家中标也让某些竞争对手颇为惊讶。

因此，当QSC宣布这一消息后，一直将华为视为最大潜在竞争对手的某企业代表人，愤愤不平地表示，为什么又是华为拿下了项目？客户为什么不选择他们？在此后与华为一起召开的项目中标发布会上，QSC的负责人就曾对选择华为做出过解释，他表示之所以选择华为，是因为在4个月的产品比拼测试中，测评专家给出的专业报告显示，华为提供的解决方案更具兼容性，设备稳定性强，协议的标准性更好。他还说，QSC一向以为客户提供全面的商业通信解决方案著称，而华为端到端的完善解决方案使QSC能够实现对客户的承诺。

企业是否有一个完善的服务体系，以为客户提供持续的整体解决方案，显然已经成为其在竞争中的杀手锏。所以，企业不仅要提高技术水平，还要提高经营管理水平，全方位提高自身的综合实力，这是为客户提供持久服务的关键。

产品销售，不仅是销售产品本身，还有企业的服务能力。就像前文中所提到的，如果没有后续的服务，产品用不了多久就没用了，也没有专业人员来维修，对客户来说，将是巨大的损失。任正非曾经在《我们向美国人民学习什么》一文中，就提醒华为人不仅要重视产品技术，还要重视服务，他说道：

“中国的技术人员重功能开发，轻技术服务，导致维护专家的成长缓慢，严重地制约了人才的均衡成长，外国公司一般都十分重视服务。没有良好的服务队伍，就是能销售也不敢大销售，没有好的服务网络就会垮下来。”

华为在之后的发展中显然注意到了这一点，在重视技术的同时，服务建设也按照国际标准打造，这才使得华为能够在海外市场从当时的国际巨头手中抢来大片市场，这也是华为要从以技术为中心转向以客户为中心的重要原因。

4.2 针对不同的客户群，提供相适应的解决方案

每位客户对解决方案的要求都不同，同样一个项目，不同的客户，因为需求不同，在解决方案的选择上也可能会有所差别。企业应该与客户进行充分的交流后，制订出个性化的解决方案，满足不同客户的需求。不管客户对解决方案有什么要求，企业制订解决方案的目的不会变，那就是要满足客户的业务需求。对此，在十多年前任正非就对华为人说过：

“提升客户满意度是十分综合复杂的，要针对不同的客户群需求，提供实现其业务需要的解决方案，并根据这种解决方案，开发出相应的优质产品和提供良好的售后服务。”

很多企业都可能会同时面对不同的客户群，这些客户群可能业务需求不同，也可能消费能力不同。企业为他们制订解决方案时，就不能一视同仁，有条件的企业可以针对不同的客户群设立专门的部门来制订合适的解决方案。

从2010年开始，华为的业务就由运营商扩展到企业业务和消费者业务领域，也就是说，从那时起华为就已经要同时面向运营商、企业和消费者三类客户。如何满足每一类客户的需求就成了华为需要思考的问题。

因此，在2011年，华为将公司整体业务分拆成了运营商BG、企业BG、消费者BG和其他业务BG四大运营中心，以针对不同的客户群提供不同的解决方案，实现公司的持续发展。这四大运营中心都设立了各自的经营管理团

队，可以根据各自客户群的需求来制订目标，在华为公司的支持下进行差异化的管理，为客户提供个性化、差异化的解决方案。

华为四大运营中心的成立，大大提高了运营效率。几年过去了，华为的消费者业务、企业业务等都实现了突破，销售收入每年都在增长，对华为这几年的发展功不可没。

在同一块业务上，针对不同个性的客户，企业也需要采取不同的方法应对，并在解决方案上体现出来。

印度电信市场增长迅速，当地处在快速建网阶段的客户大多都有融资需求。在这样的背景下，杨新（化名）于2009年被派往华为在印度的代表处，操作融资项目。

杨新每天面对的是形形色色的客户，需求各不同。比如说D客户在融资上还是个新手，华为需要手把手引导他们设计方案，并推动每一步谈判；H客户要求苛刻，华为与其接触好几年后才得以抓住机会，首创一种融资退出模式，满足了其要求。客户们千差万别，华为在制订方案和交付时都十分谨慎，因为任何一个项目失利都有可能影响在当地的所有业务，华为在为不同客户提供不同方案的情况下，在融资上得到了很多客户的认可。

为客户提供持续的完整解决方案，不仅要对客户方案进行全程跟踪，还要不断适应其个性化的需求，这样的方案才能全方位满足客户需求。

5. 明令禁止讨好领导，只准讨好客户

企业的利润来自客户，准确地说，员工的工资也是来自赚取客户的利润。在企业中，不管是领导还是基层员工，都只能对客户负责，而不是对上级负责。唯领导是从的企业，组织结构容易官僚化，从内部滋生腐败，这是企业经营中的大忌。

以客户为中心，就是要坚持任何事情的展开都要围绕客户进行，如果员工都在围着领导转，又怎么会有心思去服务客户呢？由于领导的权威，也由于受传统思想的影响，有些员工习惯性什么事都听命于领导，不管对错，做事小心翼翼，害怕受到领导的责骂。长此以往，员工不敢发表自己的意见，领导听不得别人提意见，企业就不能做到自我反思，也常会因为领导的某个决策失误而导致企业陷入困境。在这一点上，任正非就表示要正确对待上下级关系，他说：

“大家要正确理解上下级关系，各级干部要多听不同意见。公司最怕的就是听不到反对的意见，成为一言堂。如果听不到反对意见，都是乐观得不得了，那么一旦摔下去就是死亡。”

每个企业或多或少都有些官僚作风，虽不能杜绝，但也要竭力将这种不良风气打压下去，避免影响到为客户服务的质量。

5.1 反对以领导为中心，坚持以客户为中心

华为一直提倡的是“脑袋要对着客户，屁股要对着领导”，这是任正非在华为内部反复提及的。在华为看来，公司的腐败，出现“山头主义”，就是因为员工花太多精力去讨好领导，而不是将精力用来讨好客户。华为反对员工关注领导超过关注客户，其选拔干部的标准也不是因为可以得到领导的赏识，而是要看贡献。在任正非看来，那些谄媚奉承，没有实际贡献的人，把领导哄得再高兴，也逃不过被淘汰的命运，员工的能力应该体现在将客户服务得舒服，为企业创造价值上。对此，他说道：

“员工以后最重要的不是要看我的脸色，不要看我喜欢谁、骂谁，你们的眼睛要盯着客户。客户认同你好，你回来生气了，就可以到我办公室来踢我两脚。你要是每天看着我不看着客户，哪怕你捧得我很舒服，我还是要把你踢出去，因为你是从公司吸取利益，而不是奉献。”

任正非说出这番话，是因为他在多年的管理经验中，发现不少员工习惯看领导脸色行事，即使自己是对的，领导不同意，也不会去反驳，不去争取。这样的员工在工作中缺乏责任感，以为只要按照领导的意见行事，就不需要承担责任。所以，他又经常对华为人说，要将提高客户的满意度放在最重要的位置，不能因为顾虑领导的想法，就不顾客户利益。

领导也要检讨自己，与员工多交流，不要摆架子，让员工不敢说真话。企业内部要有好的风气，很多企业的官僚主义风气就是从最高管理层开始的。在华为，任正非及华为的高层就严于律己，在很多行为上都带头遵守公司的有关规定。比如，华为高层到下面视察，接待标准也是有规定的，任正非很痛恨铺张浪费。

曾经，任正非到华为新疆办事处检查当地的工作情况，当时负责接待的办事处主任因为没有经验，不知道任正非不喜欢铺张。这位办事处主任以为总裁下来视察，就应该按照高标准、大排场去接待，因此非常隆重地租用了一辆加长的林肯轿车去机场迎接任正非。

任正非下飞机后，看到接他的是一辆豪华轿车，感到非常气愤。上车后他立即对办事处主任说，这样的做派太浪费，他不管去哪视察工作，派一般车辆接待就足够了，如果办事处车辆不够，提前说明，他也完全可以坐出租车去。任正非还表示，以后这样的接待派司机来接就可以了，作为办事处主任有更重要的工作去做，应该将更多的时间用在面对客户上，而不是自己身上。

客户是企业的衣食父母，所以企业的主要精力应该集中在客户身上。如果员工能将讨好领导的力气，拿去讨好客户，维持良好的客户关系，企业的产品销售也会顺利得多。

5.2 感恩客户，全心全意为客户服务

既然企业需要依靠客户才能生存下去，那么企业所获得的成就都与客户有关。任正非曾表示，“为客户服务是华为存在的唯一理由”，是客户让华为

活下去。华为成功后，也没有忘记那些曾经帮助华为打开市场的客户，正是客户的支持，才让华为有了今天。任正非在2008年无线产品线奋斗大会上就曾说道：

“我们至今仍深深感谢那些宽容我们的幼稚，接受我们的缺陷，使我们能从一个幼儿，成长到今天的人们。‘吃水不忘挖井人’，永远不要忘记客户需求是我们发展之魂。没有他们也就没有我们的今天。我们要永远尊重客户，尊重他们的需求，别把自己的主管行政长官看得太重。”

“吃水不忘挖井人”，任正非这是在提醒华为人不要因为公司壮大了，就不再关注客户需求，任何时候，客户都是企业生存的根本。

对于很多企业来说，客户的支持与信任，就是激励他们前进的动力。在发展困难时能够得到客户的支持，为不少企业渡过难关。华为亦是如此，在发展初期，很多客户对其不信任，在华为的努力下，他们抱着尝试的心态购买华为的产品，最终被华为的产品和服务所打动。华为也从未忘记过，那些帮助他们打开市场的客户。

2014年，对于华为无线业务来说是特殊的一年，这是华为无线业务部诞生的第20年。刚开始时，国内的无线产业一片空白，华为业务部从无到有，经过20年的发展后，业务领域已经遍布全球，甚至在珠穆朗玛峰、南极等地都有华为无线人的身影，全球每天有几亿移动用户在使用华为建设的网络。

华为能够在20年里取得巨大的成绩，并不是一帆风顺的，其间经历了许多的困难，华为始终记得那些在世界各地最先使用华为产品和服务的客户。因此在华为无线业务20年表彰大会之际，华为对当初的2G、3G、4G实效体验客户表示了感谢。

很多客户都亲临典礼现场，接受华为的感谢。其中包括1999年河北联通选择华为在河北沧州开通第一个GSM商用局；2002年当华为CDMA在中国联通全国集采中颗粒无收之际，广西联通的两个局点选择了华为；2003年在“非典”流行的时候，香港HKT给了华为无线WCDMA第一次正式答标的机会；2003 年阿联酋 Etisalat 选择华为的时候，是华为进军海外市场后，接到的第一大订单；2009 年挪威 TeliaSonera 选择华为，这是华为开通的世界上第一个商用 4G 业务。

华为在成为行业领导者后，对客户服务意识的提高更加重视，这也是在提醒华为人不忘初心。华为希望员工能够帮助客户解决问题，而不是抱怨客户。当问题解决不了时，抱怨是没有用的，唯有提高自身的能力，因为企业无法左右客户，只能全心全意为客户服务。

6. 既要适应客户需求，又要超越客户需求

企业既要满足客户的现实需求，又要引领客户的需求，帮助客户发现自己的需求。有些客户对自己的需求也会后知后觉，需要企业的引领。在市场变化速度越来越快的今天，企业也应该在技术创新上有所准备，眼睛不能只盯着客户当下的需求，还要有长远的目光，超越客户需求，为即将到来的客户需求做好准备。

6.1 企业可以在技术上领先一小步

超越客户需求，企业可以在技术研发上超前一小步，就像任正非说的，可以“领先一小步”，这也是当市场机会来临时迅速抓住机会的条件。正在走入无人区的华为，近年来也希望通过领先的技术来引领行业的发展。

这里所说的“领先一小步”，是为了能够更加接近客户需求，以免企业走得太远，偏离了客户需求太多，适得其反。企业可以走在客户需求的前面，但是不能陷入以技术为中心。领先太多的技术，在很长一段时间里也未必能得到客户的认可，如果技术不能转化为产品为客户所用，就会使企业的投入功亏一篑。用任正非的话来说就是“只能是领先竞争对手半步，领先三步就会成为‘先烈’”，并且要以客户需求为导向。

华为曾经不顾反对的声音，在多年的时间里，一直坚持自主研发手机芯片。后来，华为生产的高端手机全部使用自主研发的芯片，就算最初这些芯片还未达到世界领先水平，华为也坚持使用。

经过十多年的努力，华为的手机麒麟芯片已经达到了世界领先水平，为华为手机占领更多市场打下坚实的基础。华为坚持生产手机芯片，是因为意识到了未来行业的发展趋势，并且认为在技术上领先，才会在未来的竞争中引领行业发展。

技术上的超越，最终还是要落实到客户需求上来，所以超越客户需求也要充分考虑市场发展趋势，不能超出太多，盲目创新。

很多企业都可以在相同的条件下满足客户需求，要想超越其他企业，获得竞争优势，就必须要有超前意识，追求更好的服务水平。满足客户需求的同时，又超出客户预期，这样才能让客户需求得到持续满足。企业应在客户需求到来前就主动出击，产品更新不能滞后于客户需求。

6.2 拥抱颠覆性创新

以前华为是不提倡颠覆性创新的，但是时代变了，这个时代不断涌现出颠覆性创新，客户需求变化的速度更快，不能守株待兔，等待机会降临，要有勇气去引领客户的需求。为了改变华为人的思维，任正非也鼓励他们不要害怕颠覆性创新，而是要勇敢地去拥抱它。任正非 2014 年 11 月 14 日在内部战略务虚会上发表讲话时说道：

“互联网总是说颠覆性创新，我们要坚持为世界创造价值，为价值而创新。我们还是以关注未来五至十年的社会需求为主，多数人不要关注太远。我们大多数产品还是重视延续性创新，这条路坚决走；同时允许有一小部分新生力量去颠覆性创新，探索性地‘胡说八道’，想怎么颠覆都可以，但是要有边界。”

颠覆性创新虽然有危险，但是在市场日新月异的今天，也应该允许小部分人去尝试。很多企业都在这方面有所投入，谁能在未来掌握颠覆性的技术，谁就有可能引领未来的发展。超越客户需求也是企业创新的目的之一，不求创新、不敢超越客户需求的企业，迟早会被颠覆。

2013年10月，在华为召开的年终干部大会上，当时的轮值CEO就针对华为如何应对颠覆性创新提出了自己的建议。他提出，华为应该加大前瞻性研究，做好基础研究，不能只满足当下的客户需求。在此次大会上，还对在颠覆性创新到来时，华为会不会倒下这个问题进行了探讨，这也是华为未来所要面对的问题，华为人都认为华为不光要满足客户需求，还要超越客户需求。

为此，华为做了一些改革，将开发和技术分离，强调基础研究，鼓励一小部分人冒险和敢于尝试，让他们做些“不着边际”的原创性创新。为了鼓励这些人创新，不怕失败，华为还规定对他们的考核，除了要看成功率外，还应考核失败率。

对华为来说，以客户需求为导向，就是既要适应客户需求，又要超越客户需求。技术领先和颠覆性创新，都是为了能够在将来满足客户的需求。

第4章 流程化销售管理

销售工作不是销售人员独自在前方战斗，而是前后方一起发力，共同完成一项工作。在销售管理中，如何保证各个环节有序进行，流程化的管理必不可少。从与客户沟通，到签订合同、预算支出、交付等都需要大量人员相互配合，有众多流程要走。企业要做的就是建立一套完善的流程，以最高的效率，帮助客户尽快实现商业成功。

1. 合同管理要拉通售前售后

合同具有法律约束力，对企业销售的各环节都有着重要的影响。合同管理也是销售的核心环节，贯穿于售前售后的每一个环节。既然合同管理如此重要，企业在合同正式签订前就应该对合同条款进行细致的评审，积极与客户沟通，确保合同在对双方都有利的情况下能够顺利签订。合同签订后，企业也要确保售后工作是严格按照合同规定操作的，并进行跟踪。

1.1 企业应加强合同质量管理

签订一份合同需要经过双方的仔细评审，这是确保合同质量的关键。一份高质量的合同，可以有效避免企业与客户在工作中的摩擦，降低合同中的错误率，还能够帮助企业降低成本，制订合适的解决方案，更有利于一线交付。

合同中任何一个条款规划不正确，都可能造成巨大损失，因此不少公司都非常重视对合同的审核，力求降低浪费。华为也曾因为合同质量不高，造成巨大浪费，为了提高合同质量，华为设立了合同场景师的职位，作为合同经理的信息和决策支撑。2016 年 11 月，任正非与合同场景师座谈会上的讲话中就指出：

> “一个站点规划不正确，一个合同不正确，造成的经济损失是巨大的，所以不在乎给合格的合同场景师多加一些钱。我们公司由于合同不正确，每年浪费几十亿美金。提高合同有效性，对我们非常重要。”

任正非还要求合同场景师能够了解业务场景、交易条件等，甚至是客户方当地的政治、社会背景等，这样才能为合同的评审提供正确的信息，保证合同贴近现实。通过深刻分析合同场景，可以大大提高合同的准确性，降低成本，如果能做到这一点，对营销工作来说也是大贡献。通过合同评审，营销人员对整个工作也会更加有计划性，知道事情该按照什么要求去做。

华为在发展的过程中，曾经因为要在激烈的竞争中艰苦地争夺市场，什么合同都签，不管项目的利润有多低，合同的条款有多么苛刻都能接受，这是华为早期为了活下去的策略，也就是任正非所说的要深耕盐碱地。

但随着华为不断壮大，这种签订合同的方式，让华为在人力、财力等方面投入过多，负担过重，有时候都收不回成本，经常是合同签订了一大堆，很多都不赚钱。华为意识到这一点后，不再盲目扩张，一线销售人员在获取合同时，也十分重视合同的质量，尽最大可能降低合同风险。任正非也多次对华为人表示，要加紧合同风险的评估与控制，提高合同质量，对融资、货款回收的标准化作业管理规范化。

现在，华为在与客户针对合同条款的谈判中，注意坚持自身的原则，销售人员也不能为了销售额不加考量就答应客户条件。同时，华为还改变了合同一经签订就立即生效的方式，建立了合同批准机制，合同要由被授权人按规定签署，合同文本也有统一的规范。

合同的签订关系企业的成本投入、汇款、利润等多个方面，所以在签订合同前就要考虑能否拉通售前售后，对于不合理之处，也要据理力争。有些企业的销售人员为了销售额能提高，就不顾后面环节人员在执行中的实际情况，随便答应客户的要求，最终导致无法按要求交付。此种做法最终受到损失的还是企业，因此强化销售人员对合同质量问题的重视是非常有必要的。

合同管理拉通售前售后的最终目的是完成高质量的交付，让客户有好的体验，也让企业能够盈利。合同签订有一个“读”和“管”的过程，必须认真读清楚每一项条款，理解交易的本质，对合同风险进行评估，并规避风险。

吴国庆（化名）在华为负责合同签订时，曾经在合同签订后就不再关注后面的工作了。直到有一次他参加了华为的将军池（销售项目经理资源池）培训后，经过系统学习怎样管理合同，才有了拉通售前售后一切为了盈利的意识。也就是要在项目拓展阶段就将服务过程中的环节一并考虑进去，识别合同场景、销售、交付、验收、回款时可能面临的风险，以便在合同签订阶段和交付阶段能够降低成本和风险。

在他参加完培训后的首个作战项目中，就通过仔细对项目的合同亏损、验收困难、财务指标等进行了分析。通过与客户的沟通，规避了交付风险，并采取一系列措施弥补了服务亏损，改善了盈利空间。他事后表示，正是在将军池的培训，帮助他建立了系统化的思维模式，掌握了统一的交易语言，学习了场景化的作战方法，提升了他的交易能力，才能在合同管理中规避风险。

企业既要赚钱又要满足客户需求，要想实现双赢，就要在二者之间达到一个平衡，合同管理就是要把握好这中间的度，站在双方的立场评审，保证合同的合理性。此外，还需注意的是，合同评审的流程也要不断优化，以有效降低评审过程中的失误，提高评审效率，避免因评审周期过长而影响合同的签订。

1.2　从专业的角度，就合同条款与客户沟通

销售人员在开展业务时，拿下订单的第一步就是要签订合同，这一步没做好，后面的工作也无法顺利进行。签订合同是企业与客户两方的事，不是某一方就能单独决定的。一份高质量的合同需要与客户一起制订出来，如何与客户就双方有分歧的条款进行商谈也需要用事实说话。

在商谈时，如果方式不当，容易伤害与客户的关系，企业应该从专业的角度，找出充分的资料，说服客户在某些苛刻的条款上做出协调。在就合同条款与客户的博弈中，企业应始终坚持自己的原则，不能为了拿下订单而降低了合同的质量。任正非在鼓励华为人争取合理的合同条款时，就说过：

“客户需求的本质是希望技术先进、质量好、服务好、价格低的产品和服务；我们渴望市场成功、有盈利，我们也要适应面对日益升高的优秀员工的待遇要求，以及为了追逐新技术潮流必须增大的投资而产生的矛盾。因此在价格、合同商务条款的博弈，不能算不谦虚。”

在任正非看来，好的合同条款，是实现高质量交付和盈利的基础。为了取得好的合同条款，应该重视与客户的谈判，这也是为之后的交付打好基础，好的交付通常是从合同谈判开始的。

华为在与南非客户 MTN SA 合作时，成立的系统部刚开始人员很少，显得很弱小，但这并没有成为项目组帮助客户完成搬迁项目的阻力。当他们帮助客户完成 KZN 价值区域搬迁项目后，终于得到了客户的肯定。之后项目组又完成了几个小项目，客户才决定让华为搬迁首都网络。

客户在合同上提出了很多限制要求，其中一个要求是每个站点断站时间不能超过 60 分钟。当时面临的情况是，如果不答应客户的要求，就有可能会失去项目，但要是答应客户的要求，就会使交付成本大幅上涨，并有承担巨额罚款的风险。

项目组对交付区域进行详细勘查后，发现在所有环节都顺利的情况下，断站也需要 2 个多小时，如果遇到问题，时间会更长，根本无法满足客户 60 分钟的要求。为了与客户进行谈判，项目组优化了搬迁方案，认真制作出现场操作流程图，在向客户讲解的过程中，对于操作中拧螺丝的时间也被认真计算。这样的细致分析使客户看到了华为的专业，最终取消了断站时间 60 分钟的限制，接受了项目组的搬迁方案，断站时间延长至 120 分钟。

这一个关键条件的改善，使华为的交付成本大大下降，并规避了巨额罚款的风险，也让他们意识到，要想有好的交付，在合同谈判时，就要争取好的条件，规避风险。

合同管理是一项非常专业的工作，这不仅是整个销售环节的第一步，也是整个流程化管理中的重要一步。合同管理做得好，企业的付出才会有更大的回报。

2. 客户经理要对业务运作负责

客户经理是企业的业务团队中最接近客户的一个职位，他们的主要任务是贴近客户，理解客户需求，为客户解决问题，并管理好客户关系。在面对企业时，客户经理代表的是客户，代表客户要求企业提供更多的资源，发现并解决客户提出的问题；在面对客户时，客户经理代表的又是企业，在客户面前，客户经理要通过积极与客户沟通，以合适的方式，帮助企业争取合理的利益。做好这两项工作，客户经理才算是尽到了责任，才能为客户与企业实现双赢打下基础。

此外，客户经理是整个业务团队的第一责任人，其他员工要尽可能配合客户经理的安排，以满足客户需求。这一点在华为的“铁三角”模式中可以反映出来。“铁三角”团队的第一责任人就由客户经理担任，解决方案经理和交付经理要全力协同工作。

2.1 客户经理要管理好客户关系

管理好客户关系是客户经理最重要的工作，客户关系的好坏直接关系企业能否拿下订单，因此客户经理这个职位很重要。一位优秀的客户经理，可以与客户建立起深厚友谊，并且帮助企业获得更多订单；如果客户关系管理不好，客户经理在工作上可以说是失败的。

客户经理应该随时与客户保持联系，与客户保持良好的关系，这是其本职工作。多到客户处与其交流，工作上、私人的交流都有助于双方建立信任感。很多企业的客户经理，大部分时间不是待在办公室里，而是与客户在一起。在华为，任正非也让客户经理要多与客户交流，让客户对华为多加了解，他说：

“有人满肚子学问讲不出来，在华为公司就是没学问，学问必须要卖出去才能是钱。作为一个产品经理、客户经理，不能装一肚子学问却见不得客人，必须要通过交流来巩固加深客户对我们的认识。”

与客户交流，最重要的是真诚，在客户看来，客户经理代表的是企业，如果不能做到真诚，客户对企业也会产生不好的印象。当客户遇到问题时，客户经理也应该在第一时间了解情况，并且组织人员为客户提供完善的解决方案。

在驻津巴布韦期间，薛详（化名）代表华为在当地一个光缆项目中担任客户经理一职。项目实施期间，遭到客户 CEO 的直接投诉。薛详起初以为引起客户投诉的原因在于工期延迟，在津巴布韦这种环境相对正常。但薛详从客户 CEO 的愤怒中，感觉到原因肯定不只这些，于是真诚地邀请客户 CEO 一起下站点检查，找出原因所在。

他们到达交付现场后，薛详才意识到问题的严重性。他们在现场看到的是大量光缆暴露，没有回填。交付质量如此之差，也难怪客户 CEO 会投诉。作为一名客户经理，薛详知道不能对这些问题视而不见，必须解决，以挽回客户的信任。

薛详跟客户真诚地道歉，并承诺华为一定会采取措施解决所有问题后，立即推动项目整改。项目组连夜讨论整改计划，并将解决方案做到最细。历时半年的整改，共投入 20 万美元，才得到客户的肯定，拯救了与客户的关系。客户也取消了对华为的罚款要求，又给了华为价值 2.5 亿美元的大订单。

客户关系出现问题，首先要负责任的就是客户经理，而常常影响客户关系的就是交付质量问题。因此，客户经理也要对项目的交付情况进行了解，以随时解答客户的问题，并且保障客户的利益，以最真诚的态度为客户服务，想客户所想，而不是在出现问题后试图蒙蔽客户。

2.2 客户经理要对企业经营负责

客户经理在整个业务团队中的权力很大，在华为，一些更为资深的员工在为客户服务时，也要配合客户经理的工作。这是因为客户经理是最贴近客户需求的人，而华为强调“让听得见炮声的人指挥炮火”，客户经理就是将炮声听得最清楚的人，自然要由他来指挥炮火。

在华为，如果客户经理接到客户提出的一个技术问题，自己无法解决时，就可以随时打电话给产品经理。产品经理必须尽快赶到问题现场，如果产品经理也无法解决，则可以打电话给研发人员，研发人员也必须尽快赶到现场。不管赶到现场的研发人员资历有多深厚，在项目分析会里，比研发人员级别更低的客户经理也可以对研发人员提出要求。

以客户为中心，就是凡事为客户着想，调集一切资源帮助客户解决问题。客户经理的权力就是用来为客户服务的，所以在面对客户时，客户经理更有话语权。

当然，客户经理也不只有管理好客户关系这一个职责，还需要对企业的经营负责。客户经理与客户保持良好的关系，从客户处获得订单，实现企业的订货目标，但并不是获得订单后就可以撒手不管了，还应该确保交付顺利进行，对回款情况进行跟踪等，这样才可以做到既对客户负责，又对企业负责。

从发现客户需求，到招标、签署合同，客户经理都是全程参与的，因此要对业务的整个运作负责任。有些客户经理只想着完成订货目标，后面的事情就留给下一任客户经理去做，经常导致企业资源浪费，这样是对企业的不负责，也是对自己的不负责。

王涛（化名）2013 年下区域工作时，遇到一单退货。原因是 2011 年时，客户为了缩短货期，在项目资金下达前就和华为签订了合同，当时华为也没有料到会有风险。在那次的订单中有一单合同中的产品，客户之前一直使用的是某友商的产品，华为的业务人员在打通客户关系后，成功将这些产品销售给客户，实现了这类产品在客户处的突破，这个项目在 2011 年也因此获得了新产品突破奖。

然而，当时客户虽购买了这些产品，但并没有实际资金预算。客户早已习惯使用友商的产品，因此从华为购买的大部分产品一直存放在库房没有使用。到了 2013 年，客户表示这些产品用不上，要求退货。被退回来的几千件货物，王涛和区域团队前后花了三个月时间才处理完。

经过此事后，王涛进行了反思，他认为真正的产品突破，要能够回款才是成功的，而不是将产品发出去了，钱没赚回来。作为一名客户经理，不能只争取订单，还要为公司的经营负责，让公司盈利。

客户经理对业务运作负责是由其岗位性质决定的。优秀的客户经理应该养成良好的职业素养，能够在客户面前塑造良好的企业形象。同时，客户经理不仅是动动嘴就能将工作做好的，对一些专业知识也应有所了解，这样才能对业务运作的全流程有一定认识，并做到对业务运作负责。

3. 项目成员以业务为导向协同发力

销售工作是在团队齐心协力下完成的，整个项目组的团队成员都要贡献自己的一份力量。客户经理管理好了客户关系，带来了订单，但是完成整个销售工作，还要看交付质量，让企业能够拿到回款。

3.1　项目成员达成一致目标，形成合力

一个销售工作的完成需要项目成员能够坚守自己的岗位，并且相互之间能够经常沟通，达成一致目标，为完成业务，协同发力，完成项目交付，帮助企业和客户实现商业成功。

华为形成“铁三角”模式就是为了能够以一致形象对外，而且在同一项目里的任何人都应该团结起来，形成合力。华为是一个提倡集体奋斗的企业，对他们来说，一个项目的成功是整个团队的功劳，而非个人，也因此有了金牌团队这个重量级的奖项。对于客户来说，其会选择企业能够上下协调，共同发力为其服务，保证其购买产品后能实现商业成功。

2010年9月，周林（化名）被调到华为意大利代表处担任固定网络解决方案销售部长。当时意大利代表处系统部作战平台已搭建好，配备了非常优秀的客户经理，但周林所在的解决方案销售队伍还比较薄弱。

在加强解决方案销售队伍建设时，周林给自己的团队提出了一条新思路，就是要把客户经理当客户。因为他发现在有些项目上，经常听到客户经理的

反对声，有些客户经理反馈产品经理响应速度慢、支持不到位等。这都是双方没有沟通好，没有达成一致目标形成合力造成的，而周林深知，在业务操作中，产品经理、客户经理以及其他成员必须形成合力才能完成任务。

在周林看来，把客户经理当客户，就是要让产品经理与客户经理保持沟通，将解决方案的价值、思路等传递给客户经理，并说服客户经理，就目标达成一致。对客户经理反馈的问题，也要及时响应，并高质量解决。这样的项目团队才能提高作战效率。在项目组成员的协调发力下，2011 年，周林所在项目组实现了 17 个网络项目的成功突破。

为了提高整个销售流程的效率，使项目组能够以一致形象面对客户，就必须在项目成员中达成一致的目标，将力量团结起来，推进项目有序进行。在整个销售流程中，要想顺利完成，就需要项目成员的相互配合，这样才能打通整个业务流程，保证上下环节交接顺畅，每个环节都做到位。

以业务为向导，就要尽一切可能保证业务能够按时、高质量完成。在一个项目团队中，应该是一方有难，八方支援。每位成员都应有强烈的使命感，实现在合同中对客户的承诺，让客户能够对企业的产品和服务有较高的满意度。华为在对外销售中，团队表现出的合力常常是他们赢得竞争的杀手锏，因为华为人能够将团队的成功看作个人的成功，让华为的销售队伍保持着很强的竞争力。

2011 年，华为拿下印度尼西亚和记 MEGA 项目，这是当时华为历史上中标的规模最大的集成项目。由于印度尼西亚是由众多岛屿组成的国家，自然环境复杂，施工难度较大，项目实施过程中遭到客户不少抱怨。在一次高层会议上，客户表示如果 2011 年 6 月份不能达到其要求，就将停止项目的执行。

为了满足合同中规定的客户需求，网络规划设计专家和客户团队一起闭关数十天，重新优化规划方案。项目组勘测、规划、设计、发货等工作同时进行，在整个项目组中，IT、供应链、解决方案各部门都给予了极大的支持，使得规划和集成供应有序进行，成功保证了项目的最终目标达成。这一项目的完成，也帮助华为成为印度尼西亚数据用户发展最快的运营商。在项目组的齐心协力下，项目管理、流程管理、集成供应等系统性专业能力也得到极大提升，华为也成为客户最为信赖的合作伙伴，从而拿下很多项目。

华为在海内外市场发展的艰辛，在前文中已多次提及，华为的销售团队能够将业务拓展至全球的各个角落，华为的狼性文化发挥着非常重要的作用。在狼性文化的影响下，华为人能够在面对客户时，团结一致，坚守目标，并最终拿下目标。所以，当年华为的产品技术没有那些国际巨头有优势时，也能开辟一片天地，这离不开华为狼性营销团队团结一致的奋斗精神。

3.2 项目成员要提高综合能力

项目成员要为业务运作做出贡献，配合和支持其他成员的工作，有一个重要的条件就是综合能力。在一个项目中，尤其是大项目中，由于时间紧迫和人手不足等，不少成员可能会身兼数职，以更好地支持业务运作。

客户看中的是企业的综合能力，企业的服务人员也应该努力提高自身的综合能力。在华为这样的公司，员工的流动性较大，更换岗位是常见的事，为了能够在每一个岗位上都配合好团队的工作，对整个团队的工作都应有所了解。一个团队的成员拥有很强的综合能力，就可以降低人员减少时团队战斗力迅速下降的风险，保证项目的正常运转。任正非在2015年项目管理论坛上的讲话中就说道：

“服务具有不确定性，服务经理也是打出来的，自己要去反复练，技能要综合化。我们坚决反对替客户巡检的简单服务合同的承揽，更反对接受一个低端员工进来。”

客户对企业的要求越来越高，企业对员工的要求也会越高，每位员工都应该为了保证团队目标完成而提高自己。当然，华为不是让所有员工都综合化，而是一部分人综合化，这是为了面对客户时能更好地帮助客户解决问题，提高团队的综合能力。用任正非的话说就是，不是要求某一个人成为通才，而是要求团队通才。

华为西宁办事处在成立之初，只有办事处主任和员工两层组织。为了保证目标实施的进度，并按照CC3定位角色和推进项目运作，办事处的每位员工都要承担多个角色的工作。

在团队中，办事处主任是总指挥官，必须精通每一个业务点，还要经常面对面指导团队成员操作。客户经理要兼任系统部主任的职责，重点考虑通过什么方法经营，让运营商市场更有价值，有时还可以做产品交流。产品经理要兼任SR和产品部主管职责，需要深入了解客户，全方位梳理客户需求，找出客户痛点所在，并监督项目实施的细节和进展。项目经理要兼任FR，找出网络痛点并及时反馈，以及发现销售线索。负责服务与交付的员工随时都有可能要兼任项目经理，一专多能，负责对各业务的操作，这也促进了团队成员迅速进步，很快就能担当重任。此外，所有CC3成员还都背负着自己的KPI，需要完成自己的本职工作。在承担多个角色中，团队成员得以迅速成长，并能担当重任。

成员们白天拜访客户，帮助客户解决问题。晚上，全体成员聚集在办事处的会议室，分析任务，讨论问题，并制定决策。就这样，人员不算多的西宁办事处凭借每位员工身兼多职完成了一个又一个目标。

现在，很多企业都采用团队作战的方式提高竞争力，在面对竞争对手时，销售团队表现出来的力量要大过一个人战斗，即便是非常优秀的销售人员也需要团队的支持，只有在团队的协同下，才能实现对客户的承诺。

华为的销售模式最初是跨业务部门的模式，后来为了适应市场发展的需要，加快响应客户的速度、降低沟通成本等，将销售模式调整为按业务块划分。调整后的模式，将最初统一的销售部门打散，将销售人员分到各个业务部门中，让产品部门、销售部门、服务部门结合起来，形成团队作战的组织，改变原来单兵作战的方式。调整后的销售模式提高了销售能力，又降低了内部沟通成本，提高了决策的准确性和决策时间。

让项目成员协同发力，共同完成业务，就是在强调团队作战的重要性，提高销售团队的竞争力，并且保持内部沟通顺畅，让业务能够严格按照流程进行。

4. 项目财务要遵从流程，让业务合规

财务关系整个销售项目的成本投入、收入、利润等重要的问题，因此，一个好的项目财务流程可以帮助企业实现收入与利润的平衡。企业应该在优化业务流程时，对财务流程也重点优化。企业建立起项目财务流程后，也应确保在项目实施中，财务能够遵守这些流程。企业可以设立监管机构监督财务是否遵守流程，以及保证财务评审的正确性。

4.1 遵守项目财务流程，提高盈利水平

一个企业的财务流程是否合理，执行是否到位，直接关系企业的盈利水平。如果财务没有按照流程进行，很多环节混乱，就会影响财务核算的准确性，造成企业对经营状况的了解有偏差，对一些决策无法做出正确的判断。

华为也出现过财务管理上混乱的情况，由于财务管理上的弊端，业务规模虽大，平均利润却不高。华为曾经在奋力追赶竞争对手时，有好几年销售额上去了，但是利润率不如对手高，这让华为意识到不能再像以前一样不计成本地投入，最后却没有高回报。华为要的不仅仅是在规模上超越对手，更要在利润率等方面成为最好的。

在华为超越爱立信之前的几年，华为的销售额迅速增长，而且增长速度也要大于爱立信。但是华为的利润率和人均生产效率在那几年与爱立信相比，还是有很大差距的。比如华为在2008年时公布的人均生产效率为每人21万美元，而爱立信则高达每人35万美元，这其中就有明显的差距。

项目财务遵从流程，就是为了提高效率、增加利润。华为早就意识到不

能一味扩张，而要重视利润。如果在业务运作中不遵守财务流程，账务管理不当，业务也就不能正常运作，因为财务管理是贯穿整个业务操作流程的。

企业生存靠的是利润，华为也不例外，所以当华为在规模上赶超竞争对手，利润率却上不去时，就给了华为很大的压力。当时，华为接了很多项目，但是公司也不清楚哪些项目是赚钱的，这已经严重影响了华为的发展。任正非意识到这一点后便在华为内部开始了财经变革。

4.2　将财务流程植入整个业务流程中

华为花了那么大的力气去进行财经变革，就是希望能有一个完善的财务系统、优化的财务流程。在各个项目的财务能够在遵守流程的情况下，提高财务管理能力，减少浪费和让业务能够合乎规范，从而提高盈利。

华为在创业初期，管理上采取中央集权的方式，财务管理也不例外。当时，销售人员是不经手钱的，财务由公司总部直接控制，华为在不断规范财务管理中，保障了当时华为的发展稳定。

但是在华为引进 IBM 的管理制度时，对财务部门没怎么变革，也就是还未引入 IBM 的财务管理系统。直到华为迅速发展壮大，华为的财务弊端日益突显，任正非才发觉财务管理已经成为华为发展的障碍。比如说，当时华为财务虽有成本核算，但没有好的预算管理，也没有参与售前的定价和成本核算。这些问题都影响了华为的发展。

因此，任正非再次向 IBM 咨询，并写信给 IBM 的 CEO，希望他们能帮助华为完成财务变革。任正非之所以再次向 IBM 咨询，不仅是因为之前有过良好的合作，也因为 IBM 的财务管理一直是其引以为傲的核心竞争力。在 IBM 优秀的财务咨询顾问再次进驻华为后，华为开启了 IFS（集成财务转型）项目。

IFS 项目开展的几年里，华为培养出不少优秀的财务人才，他们在销售、研发、供应链等业务部门中认真执行财务流程，将规范的财务流程植入华为的整个业务流程中，实现了收入与利润的平衡发展。虽然根据 2016 年华为发布的年报显示，华为的利润率依然有改善的空间，但这也不能否认财务变革对华为发展的功劳。

财务流程是整个业务流程中的一部分，不能割裂开来。与企业的每项业务都有关系，因为每项业务的运作都需要钱，与财务体系密切相关。因此，企业应当将财务流程植入整个业务流程中去，让业务部门都能遵从财务流程，也只有在所有业务部门的齐心协力下，企业的财务流程才能打通。2009年，任正非在财经变革项目规划汇报会上的讲话中就指出：

“财经的变革是华为公司的变革，不仅仅是财务系统的变革，华为公司每一个高层管理团队都要介入财务变革，哪个业务部门认为能够不需要支持就能完成变革，那我认为可以理解成能够不需要费用就创造利润。这个业务主管是没有后续成长能力的。财务部门也不能关起门来，认为不需要业务部门的参与、不需要向业务部门去宣讲、不愿意去听业务部门有什么意见。”

华为财经变革需要业务部门的支持，牵动的面很大，涉及众多业务部门，也因此遇到很多阻力，但在任正非的坚持下，几年时间里财经变革取得了很大的成果，经营情况明显得到改善。

在实践中，让财务流程植入整个业务流程的优点就体现出来了。在不少项目上，财务困境通过对整个业务流程的梳理，找出了症结所在，也因此找出了解决财务问题的方法。

2015年，华为在印度尼西亚代表处的财报内控只得了19分，在华为所有的代表处中排名倒数。为了解决财务内控问题，代表处成立了“清历史挖土豆”项目组，杨学斌（化名）任项目经理，在账务、业务、机关区域多个部门的联合下，对财报内控涉及的历史问题进行了清理。

当时华为南太地区部的CFO到印度尼西亚出差，在听完系统部的财务内控问题汇报后，要求必须在当月解决历史账实不符的问题。时间相当紧迫，当天开完会后，杨学斌就立即与账务同事讨论，最终决定通过内部合同变更将手工调账导致的虚增存量清零的方法来解决问题。杨学斌连夜整理出方案，确定了交付、财经、账务、售前等每个环节的分工和待办事项。在一线与当地机关反复澄清后，31 单问题合同在当月最后全部清理。

在与账务同事一起处理财报内控问题中积累的经验，也让杨学斌整理出“一张图看懂账实一致关键点”的材料。这份材料涵盖了财经及时准确维护预算、售前规范报价、合同商务及时准确触发收入、供应链领料规范等五大关键角色，50 多个关键动作，受到了华为在全球各地员工的肯定。

项目财务涉及项目的全流程，没有合乎规范的财务流程，支出与实际的账目不符的情况就会经常出现，对整个业务产生不利的影响。也只有在遵守流程的情况下，企业才能加强财务内控管理，保证账务和内审财务数据的正确性，为企业的决策提供可靠的依据。

5. 集成化供应链（ISC）管理，提高交付能力

在企业之间的相互竞争中，比的不仅是技术，还有服务效率。企业能否降低成本，不反复做无用功，建立一套完善的流程，关系企业是否具备核心竞争力。企业的供应链管理涉及企业交付能力的提升，在竞争中，供应链的建设已成为重点。

5.1 华为集成化供应链变革历程

供应链建设需要花费很长一段时间，并且需要持续优化，以跟上企业发展的步伐。很多国际性大企业在发展过程中都建立起了一套适合自己发展的供应链，当华为迅速发展，与那些曾经的国际巨头激烈竞争时，供应链建设不完善就成了华为提高竞争力和进一步发展的阻碍。因此，华为在 20 世纪 90 年代向 IBM 咨询时，供应链就成了其变革的重点对象。

1997 年，华为向 IBM 咨询后，IBM 对华为当时的管理现状进行了一次全面诊断。这次诊断发现了华为内部管理上的很多问题，尤其在流程组织上，

部门墙深厚、资源浪费严重、作业不规范、项目实施混乱等众多问题都严重影响了华为的发展。诊断结果显示，华为的管理变革已迫在眉睫。

于是，1998年，华为与IBM合作，开始规划华为未来三至五年需要开展的业务变革和IT项目，其中ISC就是重点。因为当时华为主要的精力还在国内市场上，供应链业务系统还未建立起来，供货缓慢，经常出错。直到1999年，华为才启动了ISC项目。

经过几年的ISC变革，以客户需求为导向，华为建立了一个较为完善的集成全球供应网络，使其在货物供应质量、成本以及客户响应速度等方面的能力提升了许多，也让华为有了高效的流程化运作，有力支撑了华为的业务扩张。

ISC变革作为华为当初管理变革的重点，其间虽然受到全球经济和华为内部的阻力等因素影响，但确实为华为建立了一套较为完善的、适应华为当下发展的流程。这套流程实现了从供应商到客户端到端的打通，产品从供应商到客户的手中，需要经过多个部门、多个环节，在完善的流程管理下，部门之间才能打破部门墙，从而考虑整体利益，而不是部门利益。各部门在流程的不断优化下，明确自己的职能，保证供应链的正常运行，提高了为客户服务的水平（图4.1）。

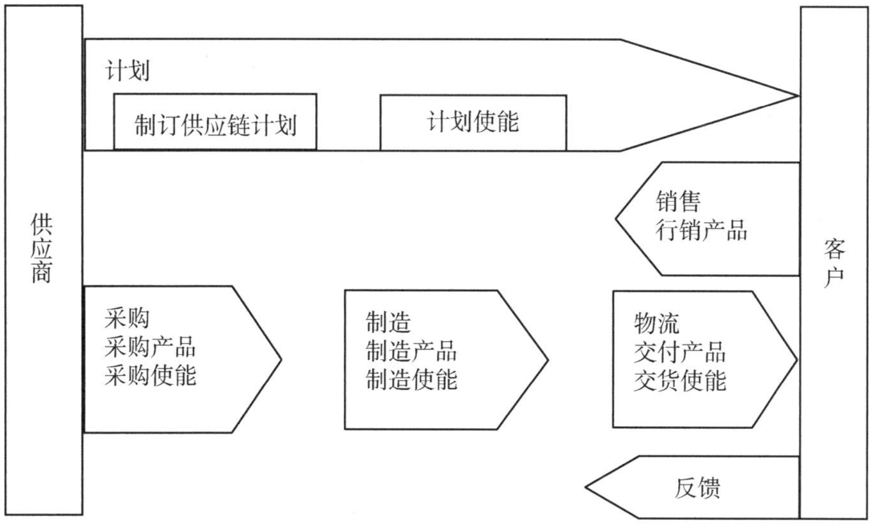

图4.1　华为ISC流程框架图

华为建立集成化供应链管理流程，是业务发展的需要，也是为满足客户需求不得不建立的流程化管理。在当时较为完善的供应链流程管理下，华为在国内市场的份额开始实现突破，海外市场也迅速扩张。华为业务在各环节的时间大大缩短，效率也得到提升（表4.1）。

表4.1　华为ISC变革前后对比

变革前	变革后
订单运作周期2个月	订单运作周期2周
按预测生产	按订单生成
每月做一次生产计划	每天做一次生产计划
柔性生产时间为1天	柔性生产时间为1小时
及时交付率20%	2003年及时交付率已达60%

与任何企业管理流程一样，没有什么流程是一成不变的，客户需求永远在变化，企业流程管理的要求也会发生相应的变化。对于像华为这样一个始终处于高速发展中的企业来说，为了适应自身的发展，流程管理也需要不断进行优化，一切以为客户提供更高质量的服务为目的。

在华为ISC变革中，供应链网络的建设对华为的发展起到了极大的促进作用。但是对供应链新的要求很快就出现了，在有些项目上，交付效率仍有待提高，这也促进了华为对供应链管理的持续优化。

2005年，华为在海外市场的发展正在如火如荼地进行中，一方面订单的大量增长，另一方面又会出现签了合同没办法交付的问题。在全世界各地，如巴西、埃及、巴基斯坦等国的客户项目进行过程中，项目组经常要紧急赶去处理问题，因为服务和交付管理水平还不能满足这些项目的要求。

这样的问题一多，华为也十分重视，因此对服务和交付管理进行持续改进。在不断的优化过程中，如今华为的服务和交付已经成为华为发展的优势，很多国内企业都争相学习，也成为华为在市场竞争中强有力的武器，为华为提升盈利能力做出了重要贡献。

华为ISC管理流程保证了交付的速度和质量，但华为追求的是可持续发展，因此华为未来对流程的优化还将继续，对合作伙伴的要求也会越来越高，这是华为为适应未来发展必须做出的改变。

5.2 促进集成化供应链可持续发展

供应链的可持续发展是为了促进企业的可持续发展，这是为了企业的长期发展目标着想。华为是一个重视长远利益的企业，近几年将供应链可持续发展作为选择供应商的基本条件。在华为看来，供应链的管理涉及的方方面面必须按照一定的标准执行，不仅华为内部要做好管理，合作伙伴也要对自己负责，对客户负责。如果供应商无法达到条件，并且不能改进，也就失去了与华为合作的机会，这是华为维护整个供应链生态健康的措施，也是为了有效监督供应链管理流程的每一个环节，将风险降到最低，保证客户服务质量。

2014年9月，华为在深圳召开的第六届全球供应商可持续发展大会，以“共建全联接世界——更绿供应链，更强竞争力”为主题。这次会议不仅有很多华为的供应商参加，也有华为的客户参加。在会上，华为轮值CEO徐直军发表了题为“携手共促可持续发展，构建更绿色的供应链”的闭幕致辞。华为举办此次大会就是为了能与供应商联合起来，共同促进整个供应链系统的可持续发展。

2015年，华为与欧洲企业社会责任协会共同召开了题为“可持续供应链的未来”的会议。在会上，华为发布了2014年可持续发展报告，华为已经连续几年发布了此报告。华为不仅展示了近几年里在聚焦可持续发展上取得的成绩，还表示华为重视将可持续发展要求纳入对供应商的认证和审核流程中，对于绩效好的供应商会进行提高采购份额的鼓励，而对于绩效差的供应商，严重的将取消合作关系。为了能够与供应商一起建立可持续发展的供应链，华为也表示会搭建学习和经验分享平台，与供应商一起进步。

华为在几年的时间里，多次在重要场合表示要构建可持续发展供应链的决心，足以说明这对华为的重要性。对于其他企业来说，可持续发展供应链同样非常重要，华为的重视表态和一系列动作，也让不少企业认识到了这一点。

任正非在华为的内部讲话中多次强调质量的重要性，华为将可持续发展供应链纳入对供应商的认证中，正是出于对产品和服务质量的考虑。华为也根据供应商体系认证、年度风险评估、现场稽查及问题改善、绩效评估、培训和能力建设、产业合作构建了供应商可持续发展的管理模式。

2016 年，为了检查供应商是否符合可持续发展供应链的要求，华为与 3 家客户合作对 10 家供应商进行了现场审核。华为又与 2 家客户合作对 10 家供应商进行了 LABORLINK（劳动链接）员工调研，并对员工进行了简短的电话调研培训，方便员工收集调研结果，改善供应链劳资沟通，提高供应链透明度。

2016 年，华为还对 57 家拟引入的新供应商进行了可持续发展审核，根据审核结果，12 家新供应商因为不符合可持续发展供应链的要求而被华为拒绝。此外，华为还对 938 家供应商进行了可持续发展风险评估，并对 53 家供应商进行了现场审核。在对 951 家供应商进行绩效评估时，发现有 2 家不合格，华为因此对他们进行了业务限制。

华为根据供应商可持续发展的管理模式，对各供应商进行认真的审核，并且多次邀请客户参与其中，让客户看到了华为始终坚持以客户为中心的核心价值观的践行。不仅如此，华为积极与一些非政府组织和政府合作，以建立绿色供应链机制，履行一定的社会责任，使可持续发展供应链的有一个更为健康的发展环境。

6. 疏通端到端的业务流程，提升一线作战能力

让“听得见炮声的人指挥炮火”不仅仅是下放权力那么简单，这需要企业有足够强大的后方支持，也要有一个畅通的全流程体系。很多企业都想像华为一样，在一线采用小团队的作战方式，以增加响应客户的灵动性，其前提是要像华为一样重视端到端业务流程的梳理，否则小团队就无法集中精力在主要业务上，会被一些琐碎的事情缠住。

所谓端到端的业务流程，就是指企业以客户需求为导向，以客户、市场，以及与企业利益相关方等为输入点或输出点，并将这些组成一个有序的组织。华为在打通端到端的流程上经过了多年的持续变革，让华为的交付能力一直在提升。任正非自始至终都十分重视端到端流程的打通，他说过：

“一定要解决流程断头的问题，端到端一定要打通，踏踏实实建立流程体系。流程很重要，流程一定要实现端到端。”

华为在打通端到端的流程上经过了多年的持续变革，让华为的交付能力一直在提升。

6.1　从公司到中心仓打通，支撑作战权力前移

打通端到端的业务流程中较为复杂的就是物流问题，这也是保证一线及时为客户供货的重要条件。为了解决物流问题，提高一线的交付能力，华为在几年前制订了“从公司到中心仓打通”的计划，而且已经取得了很好的成绩，为一线作战提供了有力的支持。但是要想一线能力进一步提高，华为需要继续为这项计划努力。2014 年，任正非在全球仓库大会上就表示过，华为已经基本解决了从合同签订到中心仓的流程，但是从中心仓到站点收入确认还要继续努力。为了能够将全球物流问题全部解决，在几年前华为便提出了明确的目标。任正非在 2014 年 12 月“从中心仓到站点打通”工作汇报会上

的讲话中就说过：

“现在我们的目标方向越来越清晰，在三年内实现账实相符、五年实现‘五个一’，这才会使作战权力前移成为可能，实现‘班长的战争’。”

由此可见，“从中心仓到站点打通”这一点也不容易做到了，需要长时间慢慢地变革，只有做到这一点，才能让一线指挥炮火发挥更大的作用。对于任正非所指的“五个一”，华为在2014年新年贺词中就有提到过，指的是“PO前处理1天、从订单到发货准备1周、所有产品从订单确认到客户指定地点1个月、软件从客户订单到下载准备1分钟、站点交付验收1个月”。这是华为为提高一线交付能力需要达成的目标。

周琪（化名）在华为巴西代表处担任CFO一职时，曾兼任华为南美南地区部流程质量运营管理委员会主任。当时，华为进入巴西市场已经好几年，但是一直没有盈利，其中流程系统没有打通就是重要原因。

为了疏通流程，周琪每周五都召集各部门开会研究怎样才能从各方面提升从PO到开票流程的能力，他自己也每天在办公室对着流程图研究。当时，提升地区部开票的准确率和效率成为当务之急，因为要发货就必须开票，开不出票，就无法交付。

当时正值ERP（企业资源计划）系统上线，华为借此系统在整个流程中实现了税率一致，使代表处能开出正确的发票，还减少了开票所需要的人力。

流程的逐渐疏通，保证了PO环节的正确，地区部的交付速度也能迅速提升。PO到站点的时间大量缩短，原来需要两个月时间，现在缩短到两周，华为也因此逐渐赢回了客户的信任。

华为为什么要提出“五个一”的目标？因为每一个环节时间的缩短都有助于实现端到端的流程打通，提高交付速度，从而获得客户信任，提升客户的满意度。

在解决物流问题上，华为也积极与客户、供应商沟通，避免有些地方缺货，有些地方的货物大量囤积造成浪费，增加物流的流动性，提高交付的速度。

6.2 简化多余部门和多余流程

打通端到端的业务流程，需要从内部开始，要有一支精简的队伍以及精简的流程。对于企业来说，疏通流程就是为了提高作战能力，任何多余的人力、环节都应该删除。企业为客户服务就是要为客户创造价值，那么任何对无用的环节都是多余的。一旦人员过多，流程太过烦琐，不仅不会对作战能力的提升有帮助，还会成为企业变革的沉重负担。

简化流程，可使企业的管理层次减少，人力减少，这对降低企业的运营成本是非常有效的。将多余的环节去掉后，少了很多中间环节，效率提升了，端到端的业务流程也会节约不少时间，从而提高了交付的速度。

华为当初引进IBM的管理时，IPD（集成产品开发）端到端流程的变革也是重点。当时，在华为内部遭到不少人的反对，不少人认为，IBM这双“美国鞋”并不适合华为。但是任正非坚持引进IBM，并提出了要“削足适履”。华为在实行IPD项目以后，在流程上确实让华为获益良多。这次变革改变了华为当初以部门为管理结构的模式，让很多部门都参与研发的全流程，明确每个部门应该做什么，形成了以业务流程和生产线为核心的管理模式，提高了华为响应市场的能力。

流程除了要简单化以外，还应标准化，任何员工都不能改变流程，除非流程出现问题，需要优化。在华为，流程就是“神圣不可侵犯”的，尽管公司人员流动性大，但是流程不到需要改进时是不会变动的，是固化的，这保证了公司不会因为人员流动而出现混乱，这也是华为当初要坚持引进IPD的原因之一。

很多企业在没有流程时，要做什么事，都由领导说了算。当有了流程并按流程执行任务时，员工就可以在流程中明确自己的职责和权利，不需要事事请示领导，这在一定程度上淡化了组织的权威，让员工做到对事负责，而不是对人负责。

为了让员工自觉遵守流程，发挥高效流程的作用，华为还采取了不少激励措施来强化员工的流程意识。此外，为了让员工在按照流程执行业务中不因地理位置的限制而延长流程的时间，华为还将信息化与流程相结合，让全球各地的华为人能够及时得到审批，这也为一线的员工提供了便利，让他们能够对客户的需求做出及时反应。

华为为了业务运作基本流程都能够实时审批、跨部门协调等，将信息化与流程相结合，让流程不再受地域的限制。现在分布在全球各个国家和地域的研发人员，可以进行 7×24 小时全球同步研发和知识共享。在财务上，不管员工到哪里出差，只要有网络，就能在任何时间通过网上的报销系统进行报销，并能在 7 天内完成费用结算和个人资金周转。

不仅是华为的员工，华为为客户、合作伙伴也提供了可以 24 小时自由安排时间的网上学习和培训考试。在人力资源管理上，每一个办公区域都有一卡通系统，使人力资源部可每天对 3 万人进行精确的考核管理。在 EPR 系统建成后，实现了端到端集成的供应链，应对市场变化更加灵活了，客户也能在网上查询和跟踪订单执行状态。

在一线服务的员工，在为客户解决问题时，可以通过上网查阅相关案例，并且向公司总部或各地区部寻求支持，让自己不再感到孤立无助。

华为疏通端到端的业务流程是为了能够更好地为客户服务，提高自己在市场中的竞争力，这与其他企业是一样的目的。如今，华为正逐渐将权力向一线倾斜，如果没有完善的流程管理，一线员工与公司总部的沟通就会出现问题，为客户服务时也无法做出合适的承诺，容易陷入孤立无援的境地。

任正非说未来的战争就是“班长的战争”，而能否打赢这场“班长的战争”，就要看在一线的团队能否有序运作，并且在及时的沟通下，快速获取后方的支持，让供应链能够满足一线呼唤炮火的需求，而这一切都要依赖端到端业务流程的畅通。

第5章 狼性销售执行力

销售工作，要善于发现客户需求，还要能够迅速出击，抢占市场。华为在销售中，一旦发现并瞄准目标，就会像狼一样，死死盯住目标，经过周全的计划，集中力量拿下目标。对市场灵敏的嗅觉和对客户需求的快速响应，是华为销售团队获得成功的基本素质。

1. 快速反应，快速出击

在讲究质量的市场竞争中，有了好的产品，不一定会有好的销售成绩。销售人员除了将市场最新动向反馈给企业，让企业的产品研发符合市场需求，当产品研发成功后，还应密切注意哪些客户对这些产品有需求，并且快速出击，抢先一步拿下客户。

销售的最终目的就是将产品卖给客户，并且帮助客户实现成功。若销售团队执行力不佳，客户需求出现时，总是瞻前顾后，等到下定决心时，客户早已被竞争对手抢走。企业为什么要强调在最短的时间内响应客户需求，这是因为反应的速度有多快，胜算就可能有多大。

1.1 瞄准目标，快速出击

对于一个行业来说，市场的蛋糕就只有这么大，如何能分得更大的蛋糕，就必须有敏捷的反应能力，以及果断的做事方式。一块好的蛋糕谁都想要，但多数情况下只有一家企业可以拿得到。谁先发现客户需求，并积极与客户沟通，以最快的速度拿出能满足客户需求的解决方案，谁就取得了竞争的优势。

第二次世界大战中，德国名将隆美尔在一次行军中，遇到敌方的战车，当时隆美尔的连队并没有战防武器。于是，他立即下令将一切轻武器都向着敌对方的战车猛射，并且是越快越好，对方果然都向后撤退。这次战斗佐证了隆美尔快速反应、快速出击的战略，这是他在多年的作战中总结出来的。当两军对垒时，谁能先发制人，用火力压制敌方，多半就可以获得胜利。若立即寻找掩护，等待时机，想等待援兵到达之时再开火，反而会被对手压制。

军人出身的任正非，在企业管理上很多思想都深受军队管理思想影响。他在看到隆美尔的战术后，认为在企业管理中这种方法同样有效。任正非让华为人从中学习该如何在运动战中集中兵力，在点上突破并取得全局胜利。

在战场上，快速出击对整个战局的发展有着关键作用。任正非则从中体悟到了，在市场竞争中，快速反应、快速出击是赢得客户的关键因素之一。商场如战场，谁能集中兵力在一点上实现突破，就有可能撕开一道口子，率先打开市场。

华为将权力下放一线，就是要让最贴近客户需求的人去决策，不必经过层层汇报后再行动，以实现瞄准目标后快速出击的目的。如果不能及时出击，像前文所说的一样，等待公司的援兵到来再行动，优势也会变成劣势。

1.2　对客户需求做出快速反应

企业有能力为客户提供持续稳定的服务是综合实力的体现，有了实力，还要有速度，能够在第一时间响应客户的需求，对客户提出的问题做出快速反应。用任正非曾经说过的话来说就是：

"客户的要求就是质量好、服务好、价格低，且要快速响应需求，这就是客户朴素的价值观，这也决定了华为的价值观。"

反应速度快也是企业的竞争优势之一，有些企业产品质量和服务都不错，但是对客户问题的反应速度却十分慢。有时候客户提出问题后，需要大半年才解决。但是对于客户来说，多等一天，就会有更多损失，因此他们当然会选择反应更快的企业。

华为对客户需求的响应速度在业界都是很有名的，在海外市场上，有些欧美企业的，员工一下班就回家，因此当客户出现问题时，他们很难第一时间做出反应。而华为不同，华为的核心价值观就是艰苦奋斗，虽然华为不会以加班论贡献，但是只要客户遇到问题，不管什么时候，华为人都会尽快赶到现场解决，这就保证了华为响应客户需求的速度。

华为主张多贴近客户，以快速响应客户需求，为此，华为在海内外最贴近客户的地方建立了多个服务机构，以及时反映客户问题。早在2005年，任正非就这样说过：

“华为的设备用到哪里，就把服务机构建到哪里，贴近客户提供优质服务。在中国三十多个省市和三百多个地级市都建有我们的服务机构，我们可以了解到客户的需求，我们可以做出快速的反应，同时也可以听到客户对设备运用和使用等各个方面的一些具体的意见。现在，全球九十多个国家分别建有这种机构，整天与客户在一起，能够知道客户需要什么，以及在设备使用过程中有什么问题，有什么新的改进，都可以及时反馈到公司。”

华为在很多地区建有地区部，下面又有代表处或办事处，每个机构的建立都是为了能够就近帮助客户解决问题。与客户在地理位置上缩短距离，对华为能够在第一时间赶到客户现场起到了很重要的作用。华为在创业初期，在国内的很多县城都设有服务机构，而当时其他企业却很难做到这一点，后来这也成为华为快速响应客户需求的优势。

如今，华为在各地的服务机构更多，在后方和前方的相互配合下，能更快、更好地对客户的问题提出解决方案。华为还通过优化流程、分层授权等来提高响应客户需求的速度。从前文中，我们了解到，华为在重视自身流程优化时，也对其合作伙伴严格要求，因为他们也是为客户服务中的一环，没有他们的良好配合，很难快速制订出完整的解决方案。因此，华为搭建了不少与合作伙伴一起进步的平台，帮助合作伙伴改善管理。如果这一环节的速度加快，对华为来说，响应客户需求的时间就能缩短不少。

在2015年，华为杭州企业业务就特意邀请了其在浙江区的总经销商、一级经销商等30余家核心合作伙伴，参加由华为举办的“订单提交向合作伙伴延伸”赋能活动。这次活动的目的，就是让合作伙伴学习华为商务流程，优化订单流程，以快速响应客户需求。

经过本次优化，华为给予了二级经销商更大的权力，比如配置报价权、发布标准授权价等。在30万元及30万元以下的标准授权价订单上，总经销商、一级经销商、金银牌可自主提单，这大大缩短了中间传递的时间，加快了响应客户需求的速度。

为客户提供解决方案，实际上也是考验企业能否做到以客户为中心。卖完产品就与客户中断联系，不能提供后续服务的企业是无法做到以客户为中心的，这样的企业看到的也是短期利益，没有长远的计划。像华为这样的企业，更加重视长远利益，持续优化管理，坚持技术创新，才能有能力持续为客户提供服务，从而与客户保持良好的合作关系。

华为创业时，是行业的后进者，当时很多国际性企业已经有了上百年的历史，要想跟这些有着深厚市场基础的老牌企业竞争，就得有特殊的优势。华为后来能够超越那些老牌企业，离不开华为对客户需求的快速反应。虽然有些客户已经与友商有合作基础，但是华为凭借快速的反应能力，以及专业的态度，改变了很多客户对华为的认知。

2012 年，华为已经进入智能手机市场，面对迅速发展的手机市场，华为决定在内部全面启动移动办公。因为华为在安全能力和移动端能力上有着多年的深厚积累，产品研发很快就开始了。

产品完成第一个版本时，华为就收到了一个战略客户正在进行招标的通知。虽然该客户一直使用的是友商的产品，但华为认为这是将产品做成通用产品的绝佳机会。华为立即组织了优秀的队伍前去与客户交流，到了后才得知友商已经完成一轮测试，并得到客户认可，而且华为发现自己的产品在很多特性上无法与友商相比，不能满足客户的某些需求。

尽管希望渺茫，在与客户交流，了解其需求后，华为仍然组建了攻关团队，快速实现关键特性。经过几天几夜的紧张测试，第一轮攻关取得成功，在经历几轮攻关后，华为产品在特性上逐渐占上风，最终拿下了第一局。客户表示之所以选择华为，是因为华为在落后的情况下，能够对现场问题做出快速反应，并很快拿出方案改进产品，使产品性能迅速提升，这是很多企业做不到的。

在华为的奋斗史上，很多市场人员长期驻扎在客户公司，不少客户需求就是在长期与客户的接触中通过聊天等方式获知的。早期华为的产品尽管不完美，但只要客户出现问题，华为人就会不分白天、黑夜，立即赶往现场。为了保证问题不再出现，华为工程师会长时间守护在现场，有时候一守就是几个月，直到确认问题全部解决后才离开。

2. 紧盯目标，不达目的誓不罢休

企业的产品最终要销售给客户，才能为企业创造价值。在销售产品的过程中，首先需要寻找目标，客户就是这个目标。但是客户不会无缘无故购买企业的产品，尤其是当企业还没有什么名气时。不少客户出于自身利益考虑，对很多有合作潜力的企业也不是那么信任，这就需要企业坚持用诚意和好的产品来打动客户。

2.1　对待目标要有坚持不懈的精神

任正非曾将华为比作一只永远在奋斗的乌龟，虽然起步慢，但在认定目标后，能够心无旁骛，艰难爬向目标，不管其间有多少诱惑和困难，都不为所动，慢慢地就赶超了那些“兔子”，跑到了最前面。对此，任正非有过描述：

“华为就是一只大乌龟，二十五年来，爬呀爬，全然没看见路两旁的鲜花，忘了经济这二十多年来一直在爬坡，许多人都成了富裕的阶层，而我们还在持续艰苦奋斗。”

坚持乌龟精神，让华为做到了对待目标永不放弃，也让华为挺过了多个冬天。对华为来说，只要坚持，就没有拿不下的市场。华为刚起步时，公司规模与老牌企业没法比，没有品牌效应，将产品送上门都会遭到拒绝，但是华为的销售人员在这样的情况下，仍然拿下了一些订单，这就需要有毅力，并能在遇到挫折时，不退缩，坚持迎难而上。

华为前海外市场副总裁范厚华回忆，华为当初从农村市场转向城市市场时就表示，华为作为一家没有任何背景和优势的企业，当初就靠着员工的坚持活了下来。当时，华为人相信只要客户有需求，自己坚持奋斗，就一定能扩大市场。

1997年，华为刚进入广西河池地区的市场时，在没有客户基础的情况下，范厚华带领队伍到地市局及各个县局去拜访客户，很偏远的地区也会去，到各个县局机房考察，寻找客户的需求。河池开展电源招标后，客户表示华为电源研发出来的时间太短，质量肯定不好。产品经理不得不跟客户详细地介绍华为的产品，市场人员还跑遍了各个县局，根据他们的需求，制订相应的解决方案。在不断与客户沟通解释中，客户感受到了华为是真心实意为他们着想，慢慢认可了华为，华为也借此打开了广西电源市场。

华为对待目标的坚持，是其艰苦奋斗的企业文化的体现。面对客户最初的不信任，华为人很有耐心，总是一遍遍地为客户解释华为的产品，一次又一次地拜访客户。在他们看来，即便这次不成功，也要让客户看到了华为的努力，总有一天会打动客户。

2.2　多一份坚持，就多一些机会

通信市场的竞争是残酷的，华为的发展道路，在国内外没有经验可以借鉴，只有通过自身的探索来走出一条适合的道路。在探索的过程中，最重要的就是要活下去，华为如今在很多技术上处于业界领先地位，但是在当初没有任何优势的情况下，就只有比其他企业勤奋。

2006年，任正非在《天道酬勤》一文中，就对华为在过去18年的艰苦奋斗有一段描述，他说：

“18年来，公司高层管理团队夜以继日地工作，有许多高级干部几乎没有什么节假日，24小时不能关手机，随时随地都在处理随时发生的问题。现

在，更因为全球化后的时差问题，总是夜里开会。我们没有国际大公司积累了几十年的市场地位、人脉和品牌，没有什么可以依赖，只有比别人更多一点奋斗，只有在别人喝咖啡和休闲的时间努力工作，只有更虔诚对待客户，否则我们怎么能拿到订单?”

华为这么多年来确实一直没有什么可以依赖的，最值得依赖的就是比别人更为勤奋和对目标更为执着。华为之所以能够成为行业第一，就在于华为将对手用来喝咖啡的时间都用在了努力奋斗上。华为凭借多年来对目标坚持不懈的努力，才有了今天的成绩。

对华为来说，多坚持一天，多奋斗一天，公司的发展就多一次机会。实际上，一些与华为建立深厚合作关系的企业，最初给华为机会时，很多都是被华为的坚持所打动，而华为的产品和在服务中的表现，又让他们坚定了要与华为建立长久合作关系。

麦加为伊斯兰教的朝觐之地，在朝觐人口最密集的地方每平方千米人数可达到 180 万。多年来，到这里朝觐的穆斯林，因为人太多，通信不能满足需求，经常出现通话掉线、网络拥塞的状况，给前来朝觐的人带来了极大的不便。

当地的运营商 STC 与多家国际知名通信巨头尝试合作过，但都未能改变这一状况。在这期间，华为一直在争取成为客户的合作对象，由于客户比较看好欧美的技术，根本不给来自中国的公司任何机会，华为在那几年也未能获得任何机会。

2005 年，华为终于争取到了客户用核心网软交换方案试一试的机会，尽管客户当时仍对华为不信任，不过华为证明了自己可以满足客户需求。后来，客户移动网络维护部总经理说道，其实华为在沙特阿拉伯的代表多年来一直想找机会与其见面，但他都没有给华为机会。华为的代表并未放弃，而是在客户办公室门口等了两年，赢得了客户的尊重，客户表示就为这一点，自己也应该给华为一个机会。

我们经常用坚持就是胜利来鼓励别人做事要持之以恒，但是真正做到的人有多少？华为的“乌龟”精神让他人看到了坚持的力量，也给了很多企业坚持的信心。我们也要看到华为对目标的坚持还体现在其对自身管理的优化、产品质量的改善、服务质量的改善等多方面，这些都是为服务好客户这一目标而做的努力。

3. 做好计划再行动，事半功倍

我们说企业面对客户需求时，要迅速出击，并不是毫无准备地出击，而是在准备充分后，等待时机，一旦合适时机出现就迅速做出反应。在执行方案时，也不能事先没有计划就盲目执行，在团队内部统一计划，有助于明确个人目标，在团队中形成统一的行动语言，保证执行的顺畅和高效。

在制订计划时，还应将执行中可能出现的干扰因素考虑在内，制订应对紧急情况的措施，预留解决突发事件的时间，保证交付能在规定的时间内完成。风险规避措施也应该包含在计划内，这样在面对突如其来的问题时，就不会显得惊慌失措。

3.1　计划先行，提高工作效率

有计划地做事是一个良好的习惯，在为客户服务时，每一步该怎么走要事先有详细的规划，对于一些细节上的处理，也要提前想出方法。尤其是一些在项目执行中所需要的物力、人力等一定要提前安排好，不能打无准备之仗。制订计划会耗费一定的时间，但是这与项目执行中因无计划而产生的混乱所浪费的时间相比，是不值得一提的。

2012年初，方励（化名）在一个项目中任项目经理。当时项目面临着资源不足、物料供应能力不足、分包商搬迁经验欠缺等问题，造成交付缓慢，引起客户不满。作为项目经理，必须保障货物的供应，于是方励从当年1月份开始，便与客户确定全年交付的站点、优先级站点及到货并制订出了实施计划。随后又与供应链经理、产品经理和供应中心计划专员，改变原来的计划，将发货计划细化到天。

重新制订计划后，项目组连续6个月实现了100%完成月度发货的目标，项目计划能力也大幅提升。与此同时，项目组还与客户、分包商、区域项目组一起制订了集成实施计划，将目标层层细化，在6个月内实现了1600多个站点的搬迁，计划完成率接近100%。项目组合理的计划，以及严格按照计划执行使项目的交付效率大幅提升，也改善了客户关系，客户还因此多次表扬项目组。

提前制订计划，对整个目标的掌控及实施都十分有利，但是计划也不能流于形式，只注重大的框架，一定要细化。有不少企业的员工不是缺乏行动力，而是缺乏做细致计划的耐心，这在中国企业中很常见。这些企业的员工通常是拿到项目就开始实施，具体要怎样实施，怎样才能提高实施的效率却没有做提前规划，造成大量时间浪费在无用功上。提前制订一份周密的计划，不仅可以更好地分配任务，还有利于员工一次性将事情做对。

在执行项目时，团队的配合非常重要，有些人总是抱怨团队各成员之间配合不默契，上下环节无法做到无缝对接。这时作为项目的管理者或许就应该认真考虑，项目计划是否恰当，如果在没有制订计划的情况下出现混乱，就应该从根本上找原因，将团队每月、每星期，甚至每天的计划提前做好，然后将目标分配给各成员，并确保计划执行到位。

华为在利比亚的一个项目在实施过程中，团队的一名项目经理遇到了很多困难，最初他总是将这些困难归结于分包商，并时常抱怨其他人不愿意配合。后来项目组的一个领导找到他沟通，耐心倾听他的烦恼，并告诉他，问题既然已经发生了，重要的是该如何解决问题，分析原因，制订详细的计划，一步步解决。

经过几次沟通后，这名项目经理找出了大家都不配合的原因，并将团队每个月和每周的计划和目标定好，分配给团队各成员。每天上班他有一个重要的任务，就是查看计划执行情况，看有什么新的问题需要解决，团队配合也越来越默契。这种做好计划、增加团队配合度的方法在这名项目经理调到别处做质量经理时也发挥着重要作用，他带领的团队在能力上一直是华为北非地区最好的。

华为强调的是团队力量，做好计划再行动就是要让团队在密切的配合中发挥出更大的力量。没有计划就行事，团队成员的目标不明确，就难以做到默契的配合。华为的团队管理者一个重要的职责就是与成员沟通，在沟通中不仅能解决成员的困惑，还能帮助其明确目标，这也是计划的一部分。

3.2　准备充分，提高计划执行率

制订计划时还要充分考虑计划的可行性，对目标所处的环境、企业的交付能力等有一个全面的了解，可事先在团队内部进行仔细的研讨，共同商量出一个最有效率的计划。团队内部就计划达成共识，才能保证计划实施时所有成员在行动上保持一致。

在计划执行前，一切也应准备妥当，有了充分的准备，才能确保计划能被严格执行。除了因一些突发事件的影响需要在执行中临时改变计划外，一旦计划通过多方研究并制订好后，一般不轻易更改，这样更有利于目标的有序进行。

2010 年，华为正式中标比利时电信无线搬迁项目，这是华为在西欧市场实现的一次突破，因此十分重视此次搬迁。为了高质量完成搬迁，项目组首先要选择一个合适的项目经理，当时代表处交付管理部部长正在为人选发愁，比利时办事处交付主任向他推荐了一名外籍搬迁专家。管理部部长随即联系了正在南非交付项目的这名外籍专家。

整个项目的搬迁都是由华为主导的，这名外籍专家加入项目组后，做的第一件事就是与客户、分包商三方一起梳理项目交付流程，将准备工作做足，并进行试点，这个过程用了近半年时间。在整个准备工作中，这位搬迁专家凭借多年的搬迁经验，站在客户的角度，将流程的各个环节进行了端到端的梳理。

在搬迁正式开始后，由于事先准备充分，中间没有出现大的问题，也没有需要紧急救援的情况出现，项目进入稳定交付阶段，最后按照计划顺利完成。

提前制订计划，梳理流程，做好一切准备，对于目标执行来说是成功的关键因素。很多团队在执行任务时，为了赶速度，而忽略了质量，多半是因为事先没有准备充分，在执行过程中一再出现问题，只能紧急救火。这样做实际上不仅不会加快速度，反而会因为多次返工和紧急救火而影响速度和质量。

4. 要么不做，要做就做到最好

为了提高竞争力，企业在某些领域就必须拥有竞争力的产品技术，这需要企业保持专注，一旦进入某个行业就不要被外界利益所诱惑，坚持在主航道上专注研究。既然已经进入了某个行业，就要尽力做到最好，这并不容易做到，但是一定要有这份心，每天进步一点点也是希望。

从企业发展的角度来说，在某个领域做到最好也是为了能够更长久地存活下去。在竞争中，不进则退，没有最优质的产品，就有被淘汰的危险。在生存的压力下企业只有努力做到最好，才能保持活力，朝着既定目标前进，也是自我激励的一种方式。

4.1 进入一个行业，就要有做到最好的决心

不少企业发展到一定阶段，积累一些财富后就失去了奋斗的动力，缺乏远大的目标。这对企业的经营来说是很危险的，前面有更优秀的企业难以超越，后面又有无数刚起步的企业在追赶，一旦停止进步，沉醉在舒适区中，一不小心就在行业垫底，最后被淘汰。不少企业就是在这样的压力下，不停地往前走，慢慢地就走到最前面。华为就是这样的企业，在面临生存问题时，在与众多优秀企业的竞争中奋力前行，最终被“逼”成了行业第一。

从销售角度来讲，企业最应该的是要将产品和服务做到最好，因为市场

认可最优的产品，做到第一的产品和做到第二的产品所产生的经济利益差别都是巨大的。任正非在2010年PSST体系干部大会上的讲话中就对华为人说道：

“我们的产品研究所，以及应用研究所，要更加灵活、开放，更加在可维护、可工程上做文章，一定要做到世界上最优、最好、最灵活、最合算。”

要想做出最好的产品，就要有一流的企业和一流的员工。华为多年来积极进行管理变革，以各种方式激励员工进步，就是为了能够创造出满足客户需求的最佳产品。不管企业是在什么行业，其产品的质量永远都是客户最关心的，为了能够不断创造出好的产品，就一定要对自己所在行业保持专注和激情。

当初，华为进入通信市场后，连任正非都感慨进入了竞争最激烈的行业，但既然进入了，就一定要有做到最好的决心。这一点在华为的多个业务领域都有体现，就拿华为消费者业务来说，华为手机进入市场的时间并不长，但是华为人有做到最好的决心，因此在短短几年里就从一个默默无闻的手机品牌做成了全球知名品牌。

2017年初，在多家咨询公司发布的中国手机市场销售报告中，华为在2016年稳居中国智能手机第一的宝座。近年来，随着国产手机的崛起，国内的智能手机市场竞争也是愈演愈烈。据统计，2016年华为手机在国内市场的出货量达到7620万台，在全球共卖出1.39亿部，连续5年实现稳定增长，消费者业务销售收入达1798亿元人民币。华为手机销售量在国内市场成了第一，但是在2010年时，其销售量才300万部，在短短6年时间里华为就做到了这一点，这与华为始终要将产品做到最好的决心有很大关系。

华为在多次困境，以及与众多世界一流企业的竞争中学会了要想生存下去，要想有更多利润，就得做到最好。当华为成为行业领军企业后，任正非仍然一而再地向华为人强调要继续坚持艰苦奋斗，加大创新力度，将产品做到更好。

对华为来说，一次做到第一算不了什么，如果不能保持领先优势，很快就会被超越。因此，华为在得到很多大客户认可的情况下，更加努力地将产品和服务做好，因为他们知道正因为做到了最好，才得到了这些优秀客户的信任，如果不能继续保持优势，客户的信任也将不存在。

瑞典TeliaSonera集团在挪威子网与华为保持了多年的合作伙伴关系。2009年，华为凭借在4G技术上的领先，帮助客户在奥斯陆部署了全球第一个支持商用的4G网络。随着人们对网络需求的增加，4G已不能完全满足人们的需求，客户在2015年中访问华为总部后，表示希望在华为的帮助下，于当年圣诞节前在挪威部署全球第一个4.5G移动网络。

华为与客户达成协议后，留给项目组的时间就只有3个月了。时间紧迫，客户确定在圣诞节前发布，因此也一直在催促进度。到了10月中旬，项目组终于确定了站点的选址以及最终的配置模式。此时，北欧气候严寒，虽然遇到一些麻烦，但站点问题总算顺利解决。要想用户对4.5G移动网络有好的体验，就要达到1Gbps的极高吞吐率，但外场测试时第一天只跑出了500Mbps，多次测试后，结果依旧不尽如人意。经过调试后又进行了多次测试，这时奥斯陆室外的温度也更加寒冷了，项目组的测试越来越艰难，不过在几天后站点吞吐率终于稳定到了1Gbps。

客户与华为一起发布全球首个4.5G移动网络的当天，展示了现网室外单小区1Gbps的峰值下载速率，成为当时全球最快的4.5G移动网络，客户对华为这次的工作十分满意。

做到最好，是对自我的挑战，也能让企业收获客户的信任和商业利益。很多时候看似不可能完成的任务，只要坚持，就有实现的可能。华为为不少客户服务时，都做到了最好，可当初很多项目因为时间、环境等原因，看起来是不可能完成的。华为之所以能够完成，就是因为有做好的决心。

4.2 做到最好，是以客户为中心最好的体现

客户都希望企业提供的产品和服务是最好的，因为企业做得好，客户才

能享受到最优质的服务，才能获取更大的商业利益。对于企业来说，将实力展现出来，也是证明自己的机会。

华为要么不做，要做就做到最好，这是对客户负责，以客户为中心就是要排除一切困难，为客户提供最好的服务。

2015年，华为Small Cell营销负责人在一次与Small Cell产品线总裁喝咖啡时聊到，巴塞罗那世界移动通信大会上多年来通信业务效果都不理想，如果能用华为的室内MBB数字化系统LampSite，说不定能改善情况，也可借此宣传华为的室内MBB数字化理念。

聊天过后，他们很快就与各部门主管讨论实施策略，并得到了很多支持。最后，大家一致同意要在2016年的巴塞罗那世界移动通信大会上推动室内MBB数字化，而且一定要做出名气来。当华为将方案提交给客户时，客户因不愿承担风险而不想轻易改变以前使用了多年的方案，尽管华为做了很多努力，但客户仍有很大质疑。直到展会开始前2个月，客户仍未做决定，最后华为团队经过3天的奋战，优化方案，对客户说明方案的价值后，才终于说服客户。

2016年2月的巴塞罗那世界移动通信大会上，人流量达10万人，是多年以来在这个展会上最大的人流量。华为部署的1、3、6号馆中LampSite为客户提供的业务流量超过了2015年数据流量的10余倍，让客户看到了华为的实力，客户认为这是“质的飞跃”。这次展会结束后，客户将2017年展会的全部场馆都交由华为负责，并且对其信心满满。

客户对华为从怀疑到信心满满，是因为华为能够提供最好的服务，这也是最好的销售方式。让客户看到华为的实力，看到华为比其他企业更有优势的地方，客户自然会选择华为。

企业如何获取客户的信任？最好的方法就是为其提供最好的产品和服务。如果说华为最初在没有最好的产品时，销售人员靠坚持换来了一些订单，但要是华为没有努力改善产品和服务，也不会有今天这样巨大的成就。

5. 不畏艰难险阻，坚持去做

市场营销工作，很少有轻而易举就能完成的任务，从客户手中拿下订单，不仅要坚持与客户沟通，面对客户遇到的困难也要有勇气去克服，才能取信于客户，让客户放心将订单交予企业。

在开拓市场时，那些条件较好的市场一般都被一些有实力的老牌企业早早抢占，剩下的都是些难啃的“硬骨头”。为了生存就得先啃下这些“硬骨头”，等到实力壮大再争夺条件好的市场。华为最初走农村包围城市的道路，先占领最偏远的地区的市场，再反攻城市，就是这个道理。

5.1 面对困难，要敢于迎难而上

好不容易拿下了目标，不能因为目标实施太困难就放弃，这不是华为的传统。华为一直都是迎难而上，很多企业无法完成的困难项目到了华为手中都完成了。不是因为华为比这些企业技术高，而是因为不怕困难、艰苦奋斗的精神始终存在于华为人的心中，所以面对再大的困难也能够坚持去执行，这就是华为在竞争中的优势之一。

华为要的是奋斗者，不是面对困难就退缩的人，华为人的艰苦奋斗精神让其走过了早期艰难岁月。1995 年，在《目前形势与我们的任务》一文中，任正非就说出了华为在艰难中奋斗的情形，他说道：

“市场部的员工为了强力推广华为的产品，走遍了大江南北、山村乡镇，行程可以绕地球和月球转几千个来回。推广涉及的人次，加起来相当于拜访过一个大中城市所有的居民量。他们宗教般虔诚，使公司在全国一片滑坡的情况下，保持了 100% 的市场增长。”

华为和其他刚起步的企业一样，最初开拓市场是非常艰难的，但是华为能够积极面对困难，销售人员在多次失败后仍然可以站起来。这是当初与华

为同时起步的很多企业都倒下了，而华为却越来越强大的一个重要原因。

华为人不怕困难的另一个表现是，他们相信凭借自身的技术，以及顽强的拼搏精神，能够挑战很多看似不可能的任务。可不可能需要尝试过后才知道，一开始觉得不可能，不愿尝试，就无法进一步发掘自身的潜力。华为是一个敢于尝试的企业，不管是在珠穆朗玛峰还是几千米之下的海底，都能实现其价值。

2002 年华为发布的一系列广告图，感动了许多人。在这些广告图中，华为人不畏艰难险阻完成了很多看起来不可能完成的工作。广告图中有 2007 年华为人在海拔 6500 米的珠穆朗玛峰携手客户部署全球最高海拔的无线基站，实现珠穆朗玛峰登顶路线移动信号全覆盖；2010 年，苏里南、圭亚那、加勒比海海底，深入海底 2900 米铺设 1127 千米的海底光缆系统，当地网络带宽提升了 3000 多倍；等等。华为人能够在极大的困难面前，坚持去做，并且做到了，充分体现了其艰苦奋斗的企业文化。用广告图中的描绘的就是“所有努力，只为实现一个梦想，联结无处不在，畅想无限可能”。

在任何工作中，都会遇到各种各样的困难，关键是看要以怎样的心态去面对，历经千辛万苦换来的成功更让人能感受到胜利的喜悦。华为每年都会设立各种名目的优秀奖来奖励那些面对困难不屈不挠，将任务完成得很好的员工，并且华为在薪酬分配上也向艰苦地区倾斜，因为越是在艰苦地区奋斗，需要付出的也就越多。

不怕困难，实际上也是在挑战自我，超越自我。当然，不能只有不怕困难的心，还要有实力。华为能够在艰苦的环境下取得成功，除了华为人始终坚持艰苦奋斗的企业文化，还有华为多年来技术上的投入、管理上的变革，为前方奋斗的人员提供了大力支撑。所以，真正要做到艰苦奋斗并不是喊口号那么简单，这与企业的整个经营管理水平也是有关系的。

5.2　用不怕困难的决心，取信于客户

为了实现对客户的承诺，再困难也要完成任务。有些突发状况会让员工

陷入艰难的境地，但是已经对客户承诺了，不能说放弃就放弃。实现对客户的承诺是企业基本职业素养的体现，要么不轻易承诺，既然承诺了就要尽一切可能去实现。

华为很多员工为了保证任务完成，都会立下军令状。这是对华为的承诺，也是对客户的承诺。不管其间出现什么困难，华为上下都会提供支持，帮助执行任务的员工渡过难关。

2014 年 12 月，华为中标客户在尼泊尔的一个项目，2015 年 3 月份正式签署合同，项目组立下军令状，承诺要给客户交付一张尼泊尔最好的无线网络。未曾想到，当年 4 月尼泊尔发生大地震彻底打乱了项目组的计划。当时客户的网络在地震中被严重破坏，搬迁刻不容缓，项目组选择了迎难而上。

项目在搬迁前就已经做好了面对困难的心理准备，并尽最大努力分析了即将面临的困难，在代表处、地区部和机关专家的支持下，优化了交付流程，制订了应对地震、即将到来的雨季等风险的措施。项目组拟订了 24 小时三班倒的交付模式，拉通了客户、华为、分包商之间的联系。搬迁开始后，进度在所有人的齐心协力下快速推进。

这些都还只是小困难，真正的困难还在后面。进入雨季后，因为山体滑坡，各站点都成了问题。加上数百次大小余震，还有经济因素影响，项目组一度吃饭都困难。在网优阶段启动时，还有 30% 站点没有完成搬迁，因为困难大，友商放弃了对客户的支持。搬迁后出现的问题，也遭到客户高层接二连三的投诉。

为了增强客户对项目的信心，项目组重新调整心态，快速制定了新的计划。新计划得到客户认可后，项目组由三班倒变成了两班倒。客户在了解华为面临的巨大困难后，也给予了大力支持。随着一个个困难被攻克，项目组最终实现了当初给客户的承诺，交出了一张尼泊尔最好的无线网络。项目组也因此获得了客户的认可。

华为的整个发展史就是痛并快乐着，面临着无数的难关，一路过关斩将，又收获了无数的成功与喜悦。

如果客户说这个项目难度很大，企业就不敢接了，客户怎么放心将其他的项目交予企业呢？我们经常说要用心为客户服务，就是要想客户之所想，将客户的困难当作自己的困难。企业是依靠客户养活的，华为深知这一点，所以只要是客户的困难都当成自己的困难，努力帮助客户渡过难关，也为公司创造价值。

2009年，李永（化名）在卢旺达接手了一个项目。该国被称为“千丘之国”，很多站点都在偏远地区，导致项目推进困难，客户将项目组投诉到华为高层。为了赢得客户的信任，项目组不得不重整项目计划、协调资源，并与客户确定验收标准。

在8个月的时间里，李永带领项目组成员穿梭在崇山峻岭间，有一次连续两天三夜没有睡觉，冲刺抢通。当时，每一个站点的验收都是一场艰苦斗争，项目组凭借极大的意志力，才在不断的打击和挫折中战胜了困难。项目组一心想要赢回客户的心，坚定了要克服困难的信念，迎难而上，坚持把每一个站点都验收完，最终赢得了客户的信任。

客户将项目交予了企业，不管遇到什么困难，他们只要结果。如果不能得到客户的信任，遇到困难时，也难以得到客户的支持和帮助。克服困难，交给客户满意的结果才能得到客户的信任，这就是企业要不畏艰难险阻，坚持为客户服务的原因所在。

企业在营销过程中，说服客户，以及提高客户服务质量都会遇到一些困难，如若遇到难以解决的困难就放弃，那么企业生存的空间就会变得更小。因为做任何事情都不是那么容易的，困难是企业经营过程中的常客，勇于面对困难，企业的生存空间才会越来越大。

6. 胜则举杯相庆，败则拼死相救

狼作为一种群居动物，在捕猎时最注重的就是团队合作，并且不会抛弃团队成员，捕到食物后一起分享。华为的营销方式是狼性营销，团队中的每位成员既分工又合作，遇到困难一起解决，成员相互支持、学习，共同进步。“胜则举杯相庆，败则拼死相救”，就是华为狼性团队精神最好的体现。

狼性营销团队的打造，要对狼的作战方式有一个基本的了解。狼群在战斗时，会对猎物进行精密的分析，并善于布阵，一旦机会出现，就会进行最有力、最准确的攻击。企业可以根据狼的特性来培养一支狼性营销团队（表5.1）。

表5.1　狼性营销团队的特点

特性	具体内容
特立独行性	狼性营销团队中的每一位营销人员是自由的，是独特的
战斗存在性	如果没有战斗就能得到食物，那么狼就不是狼，而是“狗”。因此，竞争和战斗是营销人员存在的根本。他们不需要怜悯，更不需要施舍
团结一致性	要求营销人员在关键时刻要协同作战，必要时牺牲个人利益，以维护团队利益
头狼责任制	头狼的责任是保护狼群中的母狼和小狼，甚至不惜牺牲自己的生命。同样，营销团队的领导者也要敢于承担“维护团队利益、保护团队成员”的责任

华为最初没有一流的产品却做出了一流的市场，并且每年都将从市场中获得的一部分利润拿来做产品，最后用一流的产品将一流的市场做大。为什么华为能够做出一流的市场？华为打造的狼性营销团队功不可没，华为的营销团队在企业文化的熏陶下紧紧凝聚在一起，团队作战的气势是很多企业比不上的。

6.1　团结协作，在集体中共同奋斗

华为是一个讲究团队协作的公司，在华为早期发展历史上起过重要作用

的个人英雄主义早已不能适应华为的发展，华为提倡的是集体英雄主义。在一个团队中，任何一个人表现不好，拖团队后腿，整个团队的战斗力就会下降。一旦完不成任务，就是整个团队的责任。在团队的协作下，获得成功后，功劳也是整个团队的。所以，华为的团队是荣辱与共的，一起分享成功，一起承担失败。就像任正非对华为人说的：

“同甘共苦，荣辱与共：团结协作、集体奋斗是华为企业文化之魂。成功是集体努力的结果，失败是集体的责任，不将成绩归于个人，也不把失败视为个人的责任；一律同甘苦，除了工作上的差异外，华为人在工作和生活中，上下平等，不平等的部分用工资形式体现。自强不息，荣辱与共，胜则举杯相庆，败则拼死相救的团结协作精神。”

华为的集体奋斗减少了公司内部滋生的“山头主义”，防止个人崇拜。任正非经常强调，团队内部要团结，干部不要否定员工的功绩，夸大自己的功劳，要提高团队力量。也不要对团队成员区别对待，不要害怕被下属抢功，下属表现优异，干部也是有功劳的。

“胜则举杯相庆，败则拼死相救”的口号在员工进入华为的第一天就经常听到，但这不仅仅是一句口号那么简单，也是华为奋斗精神的一种体现。要将这一精神落到实处，就要将团队看成一个集体，在这个集体中，每位成员的利益都是捆绑在一起的。

2013年的一天，刚到下班时间，华为ATCA（硬件研发平台）的王献（化名）突然接到来自北美一线的求助电话，原来是华为的某款产品在北美运营商的Z城局点扩容中出了问题。客户因为友商设备缺陷，造成两个月前在该局点一次升级失败了，所以当华为的产品出现问题时，客户变得有些敏感，要求华为在北京时间第二天中午12点前解决。

此时，距离客户规定的时间剩下不到18个小时，王献立即召集团队开始攻关，指导一线员工分析信息，几个小时过去后，团队发现了一些问题。由于是远程扩容，华为一线员工并不在事发点，也没有工程师在场，只有等客户工程师上班后才能调试设备。经过漫长的等待后，客户工程师终于去了局点，攻关团队根据客户提供的现场资料分析信息，向客户传递下一步操作指令。最后，经过很多曲折，攻关团队才确认问题并解决。

这次问题的解决让华为在客户心中树立了高质量的品牌形象，在攻关过程中，团队成员始终密切配合，一起熬夜解决问题。ATCA 承接团队也在之后的工作中表现出色，ATCA 落地西安后，还荣获了华为颁发的金牌团队奖。

团队精神，就是有困难一起面对，一起帮助客户解决问题，一起收获荣誉。像案例中的团队共同应对困难的事例，在华为几乎天天上演，“胜则举杯相庆，败则拼死相救”的精神已深入人心。若团队中有人不能深刻体会这一点，不配合团队工作，即使个人表现再优秀，也不是华为所需要的人才。

对所有员工来说，企业又是一个大集体，任何部门或团队有困难，企业上下都应该提供帮助，无数团队为企业创造价值，使企业发展壮大，员工的福利待遇也会变好。华为的机构虽分布在世界各地，但只要某一地区有困难，其他地区的员工都会积极帮忙，这就是集体精神的体现。

6.2 分工合作，共同完成团队任务

团队成员既要完成各自的任务，又要相互帮助，并且主动承担更多责任，在集体的土壤中实现自身的价值。发扬团队精神，并不是所有细小的工作都要团队所有人一起做，而是既要有分工，又要有合作。分工合作是团队精神中非常重要的一点，分工可以让每位成员都明确自己的任务，尽职尽责，彼此合作，能够让各成员通过沟通协调好各自的工作，最后将所有成员的工作成果结合起来，实现团队共同的目标。

华为在 K 国的光纤海缆路缆项目自 2011 年签署合同后，在很长一段时间里都无法落实融资，主要是因为受到友商阻挠，以及在融资优惠度上存在争议。为此，华为组建了团队来促成这次融资项目。

团队的每位成员都对自己的工作十分认真。华为派技术专家到现场讲解方案；负责融资谈判的员工经常奔波于银行和 K 国政府间进行协商，以推动

融资谈判；法语客户经理为了更好地响应客户，长期一个人在K国出差；华为在马达加斯加的本地雇员为了保障客户网络，完成项目交付，也长期在K国出差。

K国环境差，生活条件艰苦，连自来水都没有，也没有蔬菜、猪肉。因此，中方员工去出差时，除了带衣物、生活日用品，还要自带食物。这些员工的工作都不容易，但是为了团队都坚持了下来，2015年融资终于落地并启动交付。

任正非在《致新员工书》中就告诫刚进入华为的员工，华为要的是善于合作、坚持走集体道路的人才，华为这个大平台也是为这些人准备的。华为的营销团队能够将狼性文化体现在工作中，与他们深受华为企业文化的影响有关，这让他们不管在何时何地，都能用坚不可摧的团队精神来一起说服客户、战胜竞争对手。

7. 从泥坑里爬出来的就是圣人

“人非圣贤，孰能无过”，在工作中，因为对问题考虑不足、缺乏经验等，常常会犯错误。这并不可怕，可怕的是一错再错，不能从错误中吸取教训，学不会自我反省。对于市场营销人员而言，在客户那里碰壁也是常事，但重要的是能够在一次次碰壁中，总结经验，摸清客户的需求以及喜好，最终赢得客户。这是一个营销人员不断获得新客户，又能与老客户保持良好关系的基本素质。

任正非多次对华为人表示，华为需要的不是完人，而是能够创造价值的人，不能因为某些人犯过错，就掩盖其所有的功劳。华为要的也不是犯错后一蹶不振的员工，而是能够重新站起来创造更大价值的人。在研发岗位，很多人经过多次失败才换来一次成功，但就是这一次成功也可能给企业带来巨大的价值。所以华为对这些员工的失败较为宽容，有尝试才能有成功。

7.1 在什么地方跌倒就在什么地方爬起来

华为有很多鼓励员工不怕困难，犯错后及时改正的口号，像“从泥坑里爬出来的就是圣人”“烧不死的鸟是凤凰”等。这都是在鼓励员工在什么地方跌倒就要在什么地方爬起来，面对在工作中受过的委屈和挫折，要有一定的承受能力，爬起来继续努力，证明自己是有能力的，能够挺过这些困难的人，才担得起大任。

2004 年底，方伟（化名）前往乌干达担任代表。经过多次努力，华为才拿下乌干达 U 客户核心网和智能网的整网搬迁项目。地区部对这个项目非常重视，对项目组表示只许成功不许失败。搬迁工作的难度大，为了保证割接顺利，在割接的当晚，方伟一整夜守候在机房，但割接还是失败了，在抢修的过程中又出现了故障。

方伟对此感到深深自责，觉得辜负了客户的信任。客户 CEO 知道后，也质问方伟，此事还成为其他运营商的笑话。经历这一次失败后，方伟下定决心，一定要确保下一次割接成功，在经过充分的准备后，在第三次割接的时候终于成功了。项目组在之后的工作中，凭借着优良的技术和服务，逐渐稳固了与客户的关系。

能在经历失败和挫折后爬起来的人，才有机会证明自己。在客户面前，企业要能够及时吸取失败的教训，更加认真地工作，对客户负责，也会让客户对其更加信任和支持。

有些人在工作中受不得一点委屈，受到委屈后就觉得遭受了不公平的待遇。公平的待遇是自己争取来的，不努力工作，又怎么能要求得到企业的认可呢？市场营销人员面对客户时，有时候做了大量工作也未必能得到客户的认可，这些委屈只能自己消化。如果消极对待，面对订单压力时，就难以承受。不少成功的营销人员，能够在巨大的压力下奋力一搏，拼尽全力拿下订单。华为的很多订单就是营销人员顶着巨大的压力凭借顽强的意志力拿下的。

华为当年在乌干达对A客户的框架项目运作一年多后，客户仍迟迟不肯签合同。代表处当时有好几个项目拿不下来，于是给负责A客户的客户经理王磊（化名）施加压力，为其订了一张回深圳的单程机票，对他说，如果在飞机起飞前搞不定客户，就直接回国。代表处认为王磊是有能力完成任务的，只是潜力还未被激发出来，因此想让其在挫折中激发出潜力。

在此后几个月的时间里，王磊几乎天天都在客户处，在回国的时间快要到来时，除了需要几个关键客户签字外，合同已基本谈妥。为了让这几个关键客户签字，王磊抱着合同守在酒店门口等客户。再次遭到客户拒绝后，王磊又跑去了客户家中，这一次客户终于签了字。这个故事也在地区部传开了。

压力和挫折都不应该成为阻挡成功的障碍，能够在压力和挫折面前激发潜能完成任务的人，才是值得骄傲的。对华为来说，被困难打倒又能爬起来更加努力工作的人就是“圣人”，在奋斗的道路上，谁又没在泥坑里打过几个滚？

7.2　坚持自我批判，才能重新站起来

要想成为华为所说的“凤凰”“圣人”，自我批判，纠正错误，是必不可少的。我们说要在挫折中重新站起来，但如果不能找出之前犯错的原因，进行改正，这些错误就会反复出现，自我批判就是要改正这些错误，避免再犯，为通往成功的道路扫清障碍。

自我批判是华为的传统，华为上下都保持着极强的危机意识，经常开展自我批判，检查自己有哪些地方做得不好，一旦发现，立即改进。华为曾经也犯过严重的错误，员工也因为工作不认真造成大量资源浪费。这让华为损失很大，也让华为自我批判的意识变得更强烈。华为进行过几次大规模的集体自我批判，取得的效果很明显，帮助华为认清了内部的不少问题，有几次还帮助华为渡过了难关。

华为经过近十年的发展后，进入了高速发展阶段，因为速度快，管理还未跟上，一些问题也随之出现了。那时，华为经常因产品质量问题遭到客户

的批评，让华为不得不重视起来。

为此，2000 年 9 月，华为研发系统组织了几千人在深圳举办了一场声势浩大的“呆死料”大会。在大会上任正非要求员工进行自我批判，重视质量问题，并且将由于盲目创新、工作不认真等原因产生的“呆死料”，以及因产品质量不合格不得不来回于客户与公司之间的机票，作为“奖品”发给研发系统的几百名骨干人员。

后来，任正非将“从泥坑里爬出来的人就是圣人”这句话送给了研发系统的几千名员工。这次大会是希望研发系统能够对产生大量“呆死料”的原因进行自我批判，在这次大会召开 8 年后，在同一会场，任正非对核心网产品的研发进行了表彰。任正非在会上说道：“没有昨天，就没有今天，在对错误、落后进行批判的同时，我们也自我陶冶，成长起一批宏大的英雄队伍。”

犯了错就要勇敢地承认错误，在任正非的带领下，华为人能够积极承认自己的错误，让很多华为人从泥坑里爬起来了，不断提升华为产品的质量，改变了客户对华为产品最初的印象。

华为经常收集批评的声音，并且允许内部有不同的声音出现，来让员工自我批判。华为在自我批判中，减少了很多企业都会犯的通病，比如有些企业在开始的时候能够将以客户为中心的思想贯彻落实，但企业发展壮大后，在自我膨胀中就失去了以客户为中心的原则。这一点华为非常注意自省，高层领导也不断给员工敲警钟，要戒骄戒躁，不忘初心。

2013 年，吴东（化名）派驻孟加拉，负责华为在当地的项目。当时当地运营商都想在 3G 业务上赢得先机，GP、Banglalink、Airtel 三大客户的 3G 建设，华为都占有大份额。其中，GP、Airtel 两大客户准备充分，3G 站点建网速度很快。客户 Banglalink 的项目，是以一个包含微波搬迁改造、2G 搬迁、3G 新建等众多工作的综合联动项目。

鉴于客户 Banglalink 的项目比较复杂，项目组举行了多次分析与策略研讨会。但在研讨中，项目组一直以自我为中心，虽然研讨的内容在交付过程中都很重要，却没有切入客户真正的痛点。加上客户的 3G 规划也没做好，项目组就按照研讨的交付方案快速实施了。客户 Banglalink 建网速度与另外两家客户相比，要慢不少，这让客户 CTO 很有压力。由于华为以自我为中心，现有的方案在实施过程中根本无法达到客户的要求，客户 CTO 最后忍无可忍，在开会时将正在汇报进度的吴东赶出了办公室。随后，客户的投诉信也投递到了代表处。

地区部和代表处管理团队对客户投诉很重视，紧急召开会议，制订应对方案，并进行反思。最后制订出了一个贴近客户痛点的新方案，并调整了项目组结构。新方案执行一段时间后，客户建网速度迅速提升，慢慢达到了客户期望。

企业坚持自我批判，就是为了对待客户始终如一，不能因为企业自身的原因，而降低了客户服务质量。事实上，企业出现的问题，大多也是在为客户服务的过程中体现出来的，为了不让客户对企业失去信心，企业应该自觉进行自我批判，将一些不良习气及时纠正。

第6章 销售团队激励

华为不让奋斗者吃亏的企业文化，激励着员工销售团队中每一个人努力成为优秀的销售人员。华为按贡献大小分配的制度，也使得在市场上打拼的销售人员通过奋斗，以更大的贡献来换取更高的报酬。在严格的绩效考核制度下，只有坚持艰苦奋斗，为华为创造价值才能被留下来。

1. 大贡献，大奖励

曾有人对人在受到激励时在工作的表现进行过研究，结果显示，那些受到过激励的人在工作中比没有受过任何激励的人更有激情。这一点也被很多企业所证实，所在企业中，受到激励的员工往往能做出更大的贡献。所以，对企业贡献越大的员工往往也能拿到更高的报酬，这是让员工保持战斗激情所采取的奖励措施。

如果企业想员工多做贡献，又不愿意给予更多的奖励，员工认为所获报酬不值得自己多做贡献，企业就难以培养出优秀的员工，即使有优秀的员工，也会造成人才流失。因此，对促进企业的发展来说，对员工设立一些奖励是很有必要的。

1.1 薪酬待遇向贡献大者倾斜

以奋斗者为本是华为的核心价值观，华为的奋斗文化中强调的是不让奋斗者吃亏。对于贡献大者，华为也会在薪酬上有所倾斜。这么做一是为了让优秀的员工继续努力，二是为了激励更多的员工多为华为做贡献。任正非在华为 2015 年市场工作会议上的讲话中就说道：

“我们要持续表彰那些为 ITS&P、IPD、ISC、海外 ERP、IFS……做出贡献的人。昨天他们努力时，看起来是笨拙的，今天看他们是如此美丽。昨天我们穷，没有办法奖励他们。今天的高效率，是昨天他们刨松了土地，不要忘了他们，就是在鼓励明天的英雄。不要忘记历史，就是要鼓舞奋力前行。”

华为经常表示不会忘记为公司做出过重大贡献的英雄，在外界看来，华为员工的平均薪酬对国内的企业来说，已经相当不错，这都是华为人用自己的贡献换来的。这也给了一些企业启示，不能对员工开空头支票，员工实现承诺多做贡献，企业也应实现对员工的承诺，多奖励。

华为的员工为什么能够坚持在艰苦地区奋斗？这除了受华为企业文化的深深影响外，按贡献分配报酬的激励机制发挥着巨大的作用。用任正非的话来说就是，“钱给多了，不是人才也变成了人才”。干得越多，就拿得越多，这对员工来说也是公平的。当员工看到那些大贡献的人真正拿到奖金后，就会被带动起来，愿意与华为一起奋斗。

2012 年，华为经过多年的努力，终于中标 G 国一个重要客户的项目，项目金额近 10 亿美元。华为总部得知此事后，对参与竞标的团队发放 700 万元人民币奖金作为奖励。

合同正式签订后，任正非再一次发放 1000 万元人民币奖励团队。当时，项目所在地区部总裁接到奖励，表示不敢要，压力太大了，虽说平时也有奖励，但这次奖励数额太大了。任正非听到地区部总裁的话后，感到很生气，在他看来，对一线员工的奖励，不能就吃吃饭，而一定要让他们分到利益。任正非一连打了五通电话，对地区部总裁说，一定要好好为在一线奋斗的员工分配奖金。地区部始终认为奖金太高，在他们的再三坚持下，任正非最后决定按 700 万元人民币奖金发放。这一个重大项目，任正非就奖励了一线团队两次。

任正非之所以拿出大笔钱奖励员工，是因为在他看来，没有员工做出重要贡献，公司也不会产生这么大效益，这是以奋斗者为本的企业文化的落实。其实华为的高奖金在业内都是很有名的，每年华为都会从利润中拿出一部分来奖励员工。各个人的奖金有多有少，这就要看个人贡献了。2009 年，任正非在华为 EMT 办公会议上的讲话中就指出：

“人岗匹配、以岗定薪和薪酬管理重在对岗位责任和贡献的评述，在不同的时间、不同的地点岗位的重量是变化的。能匹配就应该给这么多工资，没有必要躲躲闪闪的，考核合格就应该是这个标准。这样反映出公司的薪酬和制度是一致的。当眼前我们没有足够能力调整的时候，我们主要加强奖金的管理，加强激励机制的管理。”

任正非认为，只要员工所做的贡献能匹配所发放的奖金，就一定要给，公司既然制定出了这样的考核制度，就应该贯彻落实。为了让员工能在岗位上多做贡献，华为也会根据员工的特点来安排岗位。

华为一再强调对员工的评价要公平、公正，这是保证“雷锋”不会吃亏的重要前提。因此，华为要求各级主管对员工密切关注，根据公司的考核制度，发掘优秀员工，让他们得到公平的待遇。

华为曾经有一位在中国留过学、能讲一口流利中文的尼泊尔籍员工，英语也很棒，与中方员工在一起工作，沟通毫无障碍。这位员工在电信行业有多年工作经验，对客户的观察力也很强，每年的考核成绩也很优秀。

有一年年度考核后，这位员工在与主管沟通时，疑惑地表示，自己表现很好，为什么没有像其他表现好的中方员工一样配股。主管向他解释，这是由于中国法律的限制，外国籍的员工无法获得华为的配股，但华为一定会给他应有的奖励。这次沟通后，这位尼泊尔籍的员工在工作中更加卖力了，在一些重大项目上为华为做出了大贡献。他的表现，主管看在眼里，虽然无法给他配股，但主管向领导请示后，给他发放了高出当时同等级别同等绩效一定比例的年终奖，在岗位定级中也将其提升，还为他颁发了华为 2008 年度销售服务体系金牌员工奖。

华为每年的绩效考核制度就是为了奖励优秀员工，以及促使其他员工进步，对于不达标的员工还有一些处罚措施。不管员工的背景如何，只要能做出贡献，华为就不会让其吃亏。如今，华为的员工遍布全球各地，来自不同的国家，在公平的考核制度下，让优秀的人得到奖励，淘汰不合格的人，才能让华为继续吸引来自不同文化背景的员工。

1.2 为贡献大者提供更好的发展空间

员工努力工作，一方面是为了多赚钱，打造更好的物质生活条件，另一方面是希望有一个好的职业发展前途。很多员工在物质上得到满足后，会追求更大的事业发展空间，因此，企业对员工的奖励不仅要有物质上的，还要有非物质上的，为具有大贡献的员工提供更好的发展空间。

为员工提供良好的发展空间，也是在为企业培养优秀人才。在华为，绝大部分优秀人才是自己培养的。华为对人才不看背景，只看实力，因此华为的优秀人才都是打拼出来的。在华为，贡献大者才有机会晋升，这是其选拔干部的标准。

华为为员工发展提供了管理与技术晋升双通道，每年华为都会对全体员工进行绩效考核与职业发展评估，绩效考核优秀的员工会根据公司发展得到晋升，促进员工的职业发展。

2014 年以来，华为还组建了覆盖公司的多支战略预备队，以增强优秀员工赋能。进入战略预备队的优秀员工，会进行训战赋能以及各种实战训练，完成训练后再投入各地区工作，增强作战团队的战斗力。华为通过训战结合的方式，为这些有突出贡献的员工提供了更好的提升机会和发展平台。

很多企业内部都有促进员工进步的各种培训，这些培训不仅为企业培养了人才，也能让优秀的员工更加优秀，胜任更重要的岗位，这对企业和员工来说是双赢的。华为为员工提供的平等晋升机会，就看谁能够在工作中凭借贡献脱颖而出，得到更重要的职位。

在华为，为了不断激发员工的活力，员工的岗位是不停变换的，这就要求员工有较强的学习能力，尽快适应新岗位。如果不能适应新的岗位，就无法继续为公司做贡献，可能会面临被淘汰的命运。员工在岗位的变化中也在提升综合能力，每一次岗位变化都应看作一次成长，不管在什么岗位做出贡献，都会获得应有的奖励。

李康（化名）在华为曾多次转岗，在每一个岗位上都表现出色。2006 年他再次转岗做服务经理，凭借之前的经历，他信心满满。在服务经理这个岗位上，需要经常面对客户，这对一直从事技术工作的他来说，还是很难的。为了锻炼，他规定自己每周都要去拜访一次客户中高层，学习与客户沟通的技巧，慢慢地，与客户沟通已不成问题，公司因此将几个重大项目交予他。

这是李康的一次大转身，之后这样的转身进行了一次又一次。2009 年，他被派往华为西安代表处，在管理团队管理服务解决方案，在他的带领下，短短两年时间，团队共同努力下，让西安代表处的专业服务订货大规模增长。2014 年，为响应华为实现账实相符的目标，李康再次被调往新疆。李康带领团队从零开始，经过一年多的努力，初步达成了账实相符的目标。由于在账实相符改革上的出色表现，李康在 2014 年得到了华为的破格提拔。

企业奖励员工，是为了让员工再接再厉，再创佳绩。持续为企业做出大贡献的人，才能不断得到奖励。一旦员工骄傲自满，不再进步，也就失去了得到奖励的机会。华为有不少员工能够在不同的岗位上做出成绩，是因为在华为的奋斗文化下，能够看见更好的发展平台。华为对员工的提拔，不是论资历，也不是论背景，只要有突出的贡献，连升几级常有发生。

2017 年 6 月，任正非在上海与华为中国地区部代表及主管举行的座谈会上，谈到了企业精神文明的重要性，他说：

“什么是精神文明呢？让有使命感、责任感、做出了贡献的人快一点晋升，让他们在最佳时间、(以) 最佳角色、做出最佳贡献，少数人还可以破格提拔。提拔晋升就是树立组织榜样。”

贡献大者，在企业中就应该得到更多的晋升机会，甚至是破格提拔的机会。让榜样的力量影响员工，使人人都想立功，都想做大贡献。只有这样，员工对企业的激情才不会消退，企业也会得到长足的发展。

2. 个体的绩效评价要向团队绩效看齐

团队就是一个整体，成员在完成个人绩效的同时，也要完成团队绩效，团队绩效高，对个人绩效评价也是有益的。在“胜则举杯相庆，败则拼死相救”的团队精神指导下，才能产生高绩效的团队，成员才能与团队一起进步，从而提高个人绩效。

个人绩效要向团队绩效看齐，其目的是增加员工在团队中的自觉性，加强团队管理，增强团队作战能力。因为在面向市场时，需要团队的共同努力才能拿下目标，个人绩效很优秀，团队绩效提高不了，对企业的业务也很难有帮助。因此，作为团队的管理者，要注意员工的行为，要让员工的行为有利于团队绩效，不能损害团队利益，根据企业制度，要求员工完成团队绩效，不能只完成个人绩效。

2.1 完不成团队绩效，团队管理者要负责

管理者对团队绩效负主要责任，在团队管理中，管理者不仅要完成分配给自己的任务，还要与员工沟通，分配好团队任务。若团队管理不善，团队精神就难以体现出来，对团队绩效会产生不利影响。

在华为，管理者带领的团队如果绩效未达标，不管管理者是否努力了，个人绩效是否达标，根据公司规定，都是要受到一定处罚，反之，高绩效团队的管理者会得到提拔。

2013年，在华为市场大会“优秀小国表彰会”上，任正非给华为的几位高管颁发了一项特殊的奖项，即“从零起飞奖”，获奖的人有徐文伟、张平安、陈军、余承东、万飚，他们在2012年年终奖金为零。任正非之所以颁发这一奖项，是想让这些没有完成团队绩效的负责人实现“不达底线目标，团队负责人零奖金”的承诺。获奖的5位高管在2012年都为华为做出了重大贡献，在工作中也奋力拼搏，但是没能带领团队完成团队绩效，因此都自动放弃了年终奖。

此外，由于华为在2012年的销售收入没有完成任务，华为最高管理层，任正非、孙亚芳、几位轮值CEO、CFO等都没有年度奖金。

团队绩效不达标，管理者首先要承担责任。在团队绩效的压力下，管理者也不得不花更多的精力在团队管理上，积极参与团队建设，帮助团队成员提高业务水平和团队合作意识，这才是他们的主要工作。

为了增强团队的作战能力，管理者应该多注意成员的个人成长，帮助他们找到各自的定位。对于能力不足的员工，要让其多向优秀员工学习，等到能力提高时再让其独立承担任务，这样才能配合好团队的工作。华为就提倡管理者要多与员工沟通，了解员工的困惑，与员工之间建立相互信任的关系，这对提高团队合作能力和完成团队绩效都是有帮助的。

胡智（化名）2013年底入职华为，有一位对考评一直很严格的思想导师吴刚（化名），所以他在转正时的成绩是A，但在年度考评结果都是B，于是胡智提出了辞职。经过了解后，才知道原来胡智对项目组长的工作安排意见很大，胡智是一位优秀的员工，但接到的工作都没有挑战性，他认为这是导致自己绩效一般的原因。项目组长解释说是因为担心胡智的能力，所以没有给他安排重要的工作。

部门负责人找到吴刚了解情况，没想到吴刚也抱怨自己工作过多，经常担心不能完成业务，之后项目组又与其他成员进行了沟通。在对项目组长的工作安排有一个了解后，部门负责人认为项目组长没有考虑业务与员工的双赢，对能力强的员工分配的工作过多，而对新员工的发展没有规划。

为了留住胡智这样的优秀员工，部门对项目组工作安排做了改进。规定项目组长要制订每个员工长期职业发展规划，保持与员工的沟通，确保机会面前人人平等。改进后，员工与项目组长之间的信任度得到了很大提升，团队绩效得以改善，胡智在工作中也找到了自己的方向，老员工身上的担子也轻了不少。

团队绩效要靠所有成员共同完成，所以要合理安排员工工作，促进成员的个人发展，提高他们对团队的认同感，与团队达成一致目标。此外，高绩效的团队要有个人绩效优秀的员工，为了留住这些优秀人才，也要多为他们提供一些发展的机会。

2.2 在团队合作中，提高个人绩效

有些人认为在团队中，个人绩效评价受到团队绩效的影响，从而影响个

人的发展。实际上，在团队合作中，个人能力才能够突显出来，或者说个人才能得到更快的成长，所以提高团队绩效，对于提高个人绩效是有帮助的。

华为每年都会给优秀的团队多颁发金牌团队、最佳销售项目等奖项，优秀个人奖得主也往往产生自这些优秀的团队中。只有优秀的员工，才能催生优秀的团队，在优秀的团队中，个人表现也会更加出色。

伊拉克战争后不久，华为就派了一个项目组前往当地与客户合作。由于当时伊拉克在战争中摧毁严重，当地对移动系统的需求十分迫切，华为还未施工，客户的 SIM 卡就预售一空。

按照原定计划，项目组能赶在客户对用户承诺的时间前完成任务，但谁知设备迟迟不到，让原本计划两个月完成的任务缩短至两周。加上项目组人员不足，客户方也缺乏有经验的员工，让项目组面临着极大的压力。项目组与客户沟通，希望能够争取更多时间，但客户由于在预售 SIM 卡时对用户有承诺，自身的压力也很大。

不管项目组如何加班加点，要按照规定时间完成全部业务也还是不可能，在与客户仔细讨论后，项目组决定在最后期限内先满足最优先、最不可缺少的基本呼叫业务，这得到了客户的认可。项目组克服了一切困难，实现了对客户的承诺。所有工作完成后，客户的董事局主席极为感谢华为，并说双方不仅是好朋友，还是好兄弟，客户也因此将更多的业务交予华为，对华为的能力十分认可。当年地区部、公司总部对项目组的工作也给予了高度的认可，项目组还有人获得了华为公司级的最高荣誉——个人金牌奖。

完成团队目标，既有合作又有分工，这就要求员工既能配合团队完成任务，又能独立完成分配给自己的任务。个人在团队中的工作是牵一发而动全身，如果个人表现不好，就会拖团队的后腿，整个团队绩效都会受影响。刚进入团队时，很多员工还不能独立完成任务，需要在团队合作中有意识地提高自己的个人能力，逐渐成为个人绩效优秀的员工。

3. 饿狼逼饱狼，让优秀的人脱颖而出

如何让员工做出大贡献，首先要发现优秀的人才，将优秀的人才在最佳的时间段安排在最佳的岗位上，以最大限度激发优秀人才的潜力。其次，要让优秀的人才脱颖而出，树立榜样的作用，拉开员工之间的差距，让员工看清自己的实力，带动更多人向成为优秀的人才努力。

让优秀人才得到重视，能让企业在他们的努力下取得更好的成绩，也可以让那些懒惰或者不想再奋斗的人感到压力。因为优秀者越多，那些不再奋斗的人对企业的价值就越小，面临淘汰的压力会更大，促使他们继续奋斗。华为采取的就是竞争上岗的方式，想担任更重要岗位的员工必须多做贡献。

3.1 以高薪酬吸引人才

优秀人才选拔从招聘就开始了，不少企业为了吸引优秀人才，在招聘时就开出了高薪，这是企业培养优秀人才颇为重要的一个环节。市场的竞争，不仅仅是产品的竞争，还有人才的竞争。有了好的产品，还要有优秀的市场人员将产品卖出去，才能让产品产生商业价值。

将一些具有专业技能、富有责任心的员工招聘至企业，可以帮助企业更快速地培养人才。同时，当一批批新的优秀人才不断进入企业时，老员工也会感觉到压力，“江山代有人才出”，若不努力，一不小心就会被后来者超越了。华为每年都会以高薪来吸引国内外各大高校的毕业生，当然高薪也不是白给的，每位进入华为的员工都必须遵从奋斗者文化，为华为创造价值，否则很快就会被淘汰。

早在2015年，华为在全国各大高校招聘时，开出的高薪就对众多毕业生产生了吸引力。比如，华为消费者业务CEO余承东当年在清华大学校招会上就对在座的学生表示，毕业生进入华为后，起始年薪最高可达到35万元。这对于刚走出校门的毕业生来说，无疑有巨大的诱惑力。

之后，华为副总裁陈黎芳在北京大学演讲时，问学生是否知道毕业生在加入华为的第一年能拿到多少钱。随后她给出了答案，根据本科、硕士学历以及个人能力的不同，毕业生进入华为后的起薪就高达14万～17万元，而她也表示年薪最高可达35万元人民币，再一次证实了华为的高薪名不虚传。

对于华为的高薪，任正非有自己的看法。在他看来，每一个进入华为的员工都应具备狼一样的精神，时刻保持危机感。他还强调，在面对人才竞争时，要采取“人高我高，人低我亦高”的薪资政策。他认为，虽然高薪不一定能留住人才，但低薪一定不能留住人才。

高薪招聘的人才不一定都能留下来，但是能到最后的，实力也不会差。华为就是要不断为公司输送新鲜的血液，让华为保持活力和激情。在危机意识和华为末位淘汰制的压力下，员工如果想留下来，就必须自觉提高自己的能力，多做贡献，成为优秀的员工。

在华为看来，最不可缺少的就是人才，没有人才，就没有技术，没有好的产品，没有市场，企业就无法生存。所以，在争夺人才这件事上，华为一直很上心，高薪招聘人才，又想尽办法留住人才。

3.2 按价值贡献，拉开人才之间的差距

企业对员工一视同仁，让员工不管在什么岗位做出贡献都能得到回报，但不是平均分配。员工能力有所不同，对企业的贡献有大有小，收入差距也会因贡献不同而拉大。任正非经常对华为人说，要“给火车头加满油”，通过拉大收入差距，让优秀的人才跑得更快。

华为按照贡献和责任评价人才，就是希望能多发掘优秀人才，并在奖励向优秀者倾斜的制度下，激励优秀者带头跑起来，在你追我赶中拉动华为前进。任正非在华为2013年度干部工作会议的讲话中就说道：

“要按价值贡献，拉开人才之间的差距，给火车头加满油，让列车跑得更快些及做功更多。践行价值观一定要有一群带头人。人才不是按管辖面来评价待遇体系，一定要按贡献和责任结果，以及他们在此基础上的奋斗精神。”

越是优秀的人才在华为的收入就越高，这种按劳分配的方式对奋斗者来说，也是相对公平的。华为也表示员工要接受这种差距，如果想缩小差距，就要多做贡献，让自己成为收入高的那个人，这是华为的危机意识和以奋斗者为本的企业文化的双重体现。华为的危机意识，让华为人随时都保持奋斗的姿态，在华为做到第一后，也仍需要更多的优秀人才来支撑公司的发展。

2015 年初，根据华为发布的上一年的年报来看，2014 年，华为实现全球销售收入 2882 亿元，净利润达到 279 亿元，此时华为的净利润增速已经连续 3 年超过 30%。在这一年从华为强劲的对手爱立信、阿尔卡特朗讯等发布的年报来看，华为的净利润已经遥遥领先，稳坐业界第一的宝座。

就在 2014 年华为年报发布的同时，任正非在 2015 年年度市场工作会议上的讲话中，对华为人表示，华为要成为世界领袖还有很长的路要走，需要采取措施培养更多、更优秀的人才。在会上，任正非表示要实现让听得见炮声的人指挥炮火，为客户创造价值，就要在人力资源上进行一些变革。通过拉开收入差距的方式来激励员工，“做出最佳的贡献得到合理报酬”。

华为有更远大的目标要实现，对人才的要求会越来越高，为了提高经营效率，让员工在最佳的时间做出最佳的贡献是非常重要的。但是，并不是所有员工都会朝着企业所期望的方向发展，这就需要企业能够采取合理的措施激励员工的斗志。华为按价值贡献，拉开人才之间收入差距的做法，就是在进一步落实分配向奋斗者倾斜的政策，让那些最优秀的人获得最高的报酬，差距越明显，落后的人越能认清自己的实力。对此，任正非还表示：

“我们要理解做出大贡献的员工，通过分享制，要比别人拿到手的多一些，或多得多。工作努力的一般性员工的薪酬也应比社会高 20%～30%，当然工作效率也要高 20%～30%。我们要注意优秀种子的发现，以及给他们成长的机会。”

如果不拉开收入差距，很多优秀的人才就被埋没了，没有榜样的作用，对团队士气也会产生不良影响。为了多发现优秀的种子，任正非还表示评价要多元化，根据员工能力安排合适的岗位，分类应用，让员工在每个岗位上都能创造最佳贡献。

4. 激励要落实到每一层级

企业应该为员工提供平等的发展机会，对员工的激励也应该落实到每一层级。不管是管理者还是基层工作者，只要是企业的员工，都应该受到激励，让每一位员工都能从公司的成长中获益。

企业是一个大集体，在这个集体中，工作虽有轻重之分，但是任何一个岗位都在发生作用，都不可或缺。为了让企业从上到下每个岗位的工作都能做好，每一层级的员工都能在岗位上尽到责任，企业就不能忘了任何一个角落的员工。

4.1　让拉车人比坐车人拿得多

企业需要的是敢于拼搏的优秀人才，在市场营销工作中，营销人员要充分发扬吃苦耐劳的精神，用专业和耐心慢慢打动客户。这些冲在最前面的人是企业的拉车人，也是企业的主要贡献力量之一，企业的利益分配理应向这群人倾斜。

在华为，员工持股制度已经持续了 20 多年，随着华为的发展，很多持股的员工收获颇丰，物质生活的满足使得不少人丧失了奋斗的动力。这些人往往成了企业的坐车人，他们的付出也没有拉车人多，长此以往，拉车人就无法得到激励。所以，华为一贯强调的是，拉车人要比坐车人拿得多，否则越来越多的人不愿做拉车人，华为就失去了大批奋斗者。

因此，任正非也一再强调要管理好拉车人和坐车人的分配比例，要多给拉车人机会，让他们能够分享到企业的利益，并且心甘情愿与企业一起奋斗。任正非说道：

“要管理好员工人力资本所得和货币资本所得的分配结构，货币资本所得保持合理收益即可，其他收益全部给人力资本所得，我们不能通过股票大量分红来过度保障退休员工的收益，而是要切实保障作战队伍获得大量的机会。”

华为为了让拉车人能够分享公司利益，在员工持股上也下了一番功夫。华为超过半数的员工持有公司的股份，华为通过这种方式既让奋斗者的利益得到了保障，又让奋斗者的利益与公司的利益紧紧捆绑在一起，促使其与公司共同奋斗。

在华为，公司利益的共同分享者是那些劳动者，也就是拉车人。作为华为的创始人，任正非如今所持的华为股份是1.01%，这让很多企业感到不可思议。华为的绝大多数股票为工会持有，有超过8000名员工持有公司股份，这些人都是为公司做出过贡献的奋斗者。这样的股权制度，体现的是华为以奋斗者为本的文化，通过普遍分享的股权制度，华为绝大多数员工都成为公司的老板，这充分调动了员工的工作积极性，让他们分享到了公司的成果。

不同于有些企业将少数股东利益最大化的做法，华为的员工持股制度，让拉车人得到了应有的报酬，华为对拉车人的重视也催生了一大批能在艰苦地区奋斗的员工。如果奋斗者再辛苦也只能拿到微薄的工资，不能分享到企业的成果，奋斗者就没有归属感，也会感到分配的不公，这些对激发和留住奋斗者都是无益的。

让拉车的人比坐车人拿得多，也要根据具体情况而定。比如，员工在待岗休假时，没有劳动成果，贡献小，所拿的就要比拉车时少。为了保证员工的精力都放在公司的业务上，华为对于从事第二职业的员工处罚也毫不手软，决不让公司利益受到损害。

4.2 也要关注金字塔的基座

企业用拉开收入差距等方式让优秀的人才脱颖而出，照顾到了处在金字塔顶端的优秀人才。但是在金字塔里，还有大多数员工，他们也同样需要关注。华为强调在拉开收入差距的同时，也要重视基层员工的发展，任正非针对这一点明确表示：

“从事基础性工作的员工应该有社会可比性的收入待遇，如果总是拉高顶端，容易产生内部矛盾。在华为公司不要形成两个对立的群体，所有人都要分享到公司未来收益，我们一定要把这两方面都做好，才能形成新的战斗力，万众一心。”

企业的发展，需要各层级的员工一起努力。中上层的优秀人才得到了足够的关注，基层的员工被忽视，在很多工作上也会出现疏漏。因为工作性质和对企业的贡献不同，中上层的优秀员工与基层员工获得激励也会有所不同，一家有远见的企业也不会让基层员工吃亏。在华为，不仅中上层的优秀人才的待遇要比很多企业好，基层员工的待遇也不比其他企业差，对此，任正非曾认真提出：

“我们一定要拔高优秀员工，但以前为了突出优秀员工，总是采取把其他人员压低的方式，这种思维方式也要转变过来，优秀员工要加大激励力度，基层员工也要获得社会可比的薪酬竞争力。”

将激励覆盖到企业的各个角落，才能让企业上下万众一心，共同应对挫折，共同分享成果。华为的员工遍布世界各地，很多员工常年在异国他乡工作，生活、安全都要得到保障，这就离不开一些基层员工的帮助。比如，负责出行的司机、负责日常饮食的厨师等，这些人没有担任重要的业务岗位，但是离开他们，员工连生活问题都不能解决，更不用说为公司开疆辟土了。

所以说，不管是什么岗位的员工，都对企业的发展有贡献，也都应该获得关注。哪怕是小小的激励，对基层员工来说也会起到鼓舞士气的作用。

2014年，“感恩小费”在华为被赋予了新的意义。这个“小费”不是给餐厅或酒店服务人员的小费，而是华为对在基层工作的员工的奖励。“感恩小费”很快就在华为各地区部传开来，并被员工认可。

华为中东地区部在生活委及 OEC 倡导下，也积极开展了“感恩小费”的活动。地区部为后勤人员准备了“感恩小费”倡议书，到处张贴有关“感恩小费”的海报，大家一起讨论小费捐赠机制。这项活动得到了地区部员工的热烈响应，大家纷纷捐赠，表达对后勤人员的感激之情。2014 年 11 月，在地区部召开的第一次“感恩小费”发放座谈会上，这些“感恩小费”被发放到后勤人员的手中时，后勤人员十分开心。在获得“感恩小费”的员工中，有经常通宵值班的保安、随叫随到的司机、为地区部准备食物的厨师等，他们为保障地区部工作的正常运作，都做出了自己的贡献。

在第一次发放座谈会举办完成后，“感恩小费”在华为中东地区部各个代表处迅速推广开来。阿曼、沙特阿拉伯、卡塔尔、科威特、阿联酋等代表处先后加入了“感恩小费”的队伍。活动开办后，中东地区部各代表处共收到员工捐赠的一万多美元“感恩小费”，让众多后勤人员受益。

不管是在多么不起眼的岗位上工作的员工，都是企业的一分子，所有人付出的辛勤劳动都应该得到尊重，并得到物质或非物质上的激励。任正非曾在接受采访时表示，给员工激励并不是为了让员工感激企业，而是让他们好好工作。对基层员工的激励也是如此，这是他们通过工作获得的回报。

5. 把英雄的盘子划大，敢于表彰，促成自我激励

企业的发展需要大量的英雄，鼓励英雄也是为了带动更多员工成为英雄。在成为英雄的路上，员工需要激励，不仅是物质激励，非物质激励同样十分重要。给予员工好的发展机会，让他们认可企业的文化，都是激励员工成为英雄必不可少的因素。

5.1 要让“遍地英雄下夕烟”

企业中如果优秀分子只是少数，就容易被孤立起来，对大多数员工的榜

样作用也会减弱。当企业中的大多数员工都优秀时，其他少数员工才会感觉周围的人都在努力工作成为更优秀的人，他们也会因为压力和被孤立的处境不得不奋斗起来。这两年，任正非就多次向华为人表示，要将英雄的盘子划大，让更多的人成为英雄，他说道：

“非物质激励就是要把英雄的盘子划大，毛泽东说‘遍地英雄下夕烟’。现在我们要把英雄先进比例保持60%～70%，剩下30%～40%，每年末尾淘汰，走掉一部分。这样逼着大家前进。”

华为一直强调集体英雄主义，而不是个人英雄主义，他们要的不是个别人优秀，而是大多数人都优秀。华为重视企业文化在员工中的宣传，举办各种形式的表彰大会为优秀的员工颁奖，这些都是在以非物质的奖励方式促使员工的长期自我激励，让员工能够坚持奋斗。

“我们要相信绝大多数员工是英雄。这是一个英雄辈出的时代，华为的英雄会越来越多。‘天将降大任于斯人也，必先苦其心志，劳其筋骨，饿其体肤，空乏其身，行拂乱其所为’。每一个英雄要有奋斗精神，也要有奋斗技能，所以我们对英雄没有一定的模式和要求，更多的是鼓励。”

在任正非看来，英雄是要鼓励的，鼓励他们吃苦耐劳，坚持奋斗，让他们发自内心想干出一番成绩。每个人的能力、个性不同，所以对待英雄也没有统一的标准，因此要想成为英雄，关键是要看员工能否在集体奋斗中为企业做出贡献。

华为从来不吝啬表扬员工，每年华为会以各种名目对众多员工进行表彰，以表示对员工贡献的认可，获得表彰的员工，对自己在工作中的表现会更有成就感，自信心也会随着不断接受表扬而大增，这对提高员工的工作积极性、主动性都是有鼓励作用的。

每年华为的市场大会上都有颁奖典礼，表彰上一年里为华为做出贡献的员工。这些年里，为了让更多的员工能够受到表彰，华为设立了很多奖项，优秀奖已经延续了多年。

1999 年，华为设立公司金牌奖，包括金牌个人奖和金牌团队奖，奖励那些对公司做出过突出贡献的个人和团队，每 100 人中就会评出一个金牌个人奖，每 400 人中就会评出一个金牌团队奖。2008 年，华为设立了天道酬勤奖来奖励那些在派驻海外累计 10 年以上或在艰苦地区连续工作 6 年以上的员工。2013 年颁发的优秀小国经营奖，主要是表彰取得优秀经营成果的小国小办事处，表彰他们能够在艰苦的环境下，让大多数小国开始盈利。2014 年颁发的“蓝血十杰”奖是华为管理体系建设的最高荣誉奖。2015 年，华为还特意为 2008 年在汶川大地震中第一时间赶往灾区，奋战在前线的员工颁发了汶川地震救灾抢通英雄纪念章，当时受条件限制，给员工颁发的是木质荣誉证书，这次华为用奖章换回了木质荣誉证书。2015 年和 2016 年颁发的“明日之星”奖，是对那些艰苦奋斗的英雄的奖励。

以上奖项并不能将华为的大小奖项全部包含在内，华为的各大业务体系中也设立了自己的奖项。华为有 18 万员工，如何带动这一大批人一起奋斗不是件容易的事，任正非提出要“把英雄的盘子划大，敢于表彰，促成自我激励”，就是要让大多数员工受到表彰，激励自己奋斗。这是值得不少企业学习的，很多企业都有表彰优秀员工的传统，但是受到表彰的优秀员工十分有限，英雄永远只有几位，这让很多员工感到可望而不可即。在这一点上，企业不妨向华为学习，该如何将英雄的盘子划大。

5.2 敢于破格使用人才

既然人才是企业最重要的竞争力，那么，在人才的使用上，企业不能一直遵循传统的方式，规定员工必须在企业工作多少年才能获得提拔。这样做，不仅会扼杀员工的积极性，也让很多人才在不适合的岗位上忽略了对自身优势的发展，无论是对个人，还是对企业都没有好处。

企业费尽心思将英雄的盘子划大，就是为了能够培养更多的人才，不仅人才要多，人才的培养速度也要快。因为市场日新月异，对人才的需求也发生了一些变化，要尽快培养出一大批优秀人才抢占市场，当市场机会来临时，没有好的营销人员，产品就无法及时投入市场。任正非在华为 2017 年市场工作大会上的演讲中就表示要破格提拔人才，他说：

“我们今年将要破格提拔 4000 ～ 5000 名优秀员工，是否可以按去年的组织绩效结果，把指标分到各个团队。我们一定要培养一批勇于担责、善于担责的优秀领头雁。人才也要贯彻日落法，飞不动了，可以排到雁行的后面，顺风省力一些。领头雁需要很勇敢。”

对人才破格提拔，不仅是为了保持战斗团队的活力，而且是在为企业培养更加合适的接班人。这些接班人必须是遵守企业文化，能与企业一起打拼的人，而在这些方面表现优异者，才能获得破格提拔。

当有些员工取得了超出其岗位的成就后，就应该到更重要的岗位上去，这样才能做到人尽其用，也才能让员工在激励下更加发奋图强。

余航（化名）研究生毕业后进入华为，之后被派往尼日利亚。在尼日利亚做产品经理期间，有一位客户非常不好打交道，想要见其总裁十分困难，经过多次努力，余航才让客户总裁答应与其见上一面。为此，余航做足了准备，但在与客户总裁约定见面的那一天，客户总裁迟迟不肯露面，在客户总裁办公室外等了 3 个多小时后，他只能在这位总裁上厕所时将其堵在厕所门口，最终获得了一次会面机会。

之后，每次与客户见面，余航都要冒着 40 摄氏度左右的高温，带着电脑和投影仪，穿上西装打着领带，去拜见客户。就这样坚持了三个月，才签下 3000 多万美元的合同，一年后与客户签订的合同金额就已经接近 2 亿美元，第三年更是达到 4 亿多美元。在余航的带领下，尼日利亚代表处连续 4 年的销售业绩在华为排名第一。由于余航为公司做出的突出贡献，公司在短时间内将其连续破格提拔了三级，使他从一个最底层的产品经理迅速晋升为西非地区部副总裁、总裁。

对人才的使用，不能只看经验，更要看能力。有些员工工作十年能达到的水平，或许对于另一些员工而言，只要五年即可达到；有些员工虽然年轻，但是能力丝毫不比老员工差。因此，用人也要敢于打破一些传统，破格提拔有能力的人，让他们的潜力能够及早得到释放。

从华为提出破格选用人才可以看出，华为对人才的选拔并非论资排辈，与工作年限、年龄无关，事实上华为的许多管理人员都很年轻，他们充满干劲，在取得的突出成绩中，迅速成为华为的中坚力量。

2016 年，华为分布在全球各地的局部经理有 60% 是在 1985 年后出生的，41% 的国度总经理是 1980 年后出生的，甚至担任地区部总裁的人中也有些是在 1980 年后出生的。

俗话说，“不想当将军的士兵不是好士兵”，在企业中奋斗，员工都希望能在个人职业上有更好的前途。在华为，只要有能力，在短短几年间就从“士兵”变成“将军”的大有人在，这与华为重视奋斗者有关，也使在华为奋斗的年轻人能够有大展身手的机会，而且这样的人还在不断变多。

6. 不完美的英雄也是英雄

对企业来说，评价一名员工是否有资格称得上英雄，取决于个人为企业创造的价值，而不是个人魅力，或在道德上的完美。很多人有不少缺点，但在工作中认真负责，能够帮助企业解决一个个难题，创造不错的价值，这些人对企业来说就是英雄。

6.1 英雄不问出路

如果以一个人是否完美来选出企业的英雄，那么很可能一家企业中没有几个人能选得上，企业想把英雄盘子做大的愿望也就落空了。企业需要的是能干事的人，不是完人。在工作中，评价一名员工是不是英雄，不是由员工出身如何，曾经经历过什么来决定，而是看其现在或曾经为企业所做的贡献。对此，任正非在2016年华为市场工作大会上指出：

“我们要不拘一格地选拔使用一切的优秀分子，不要问他从哪里来，不要问他有何种经历，只要他适合攻击‘上甘岭’（各部门、各专业、各类工作……不要误解了只有合同获取才是‘上甘岭’），我们对人才不要求全责备。求全责备优秀人才选拔不上来，‘完人’也许做不出大贡献。”

不完美的英雄也是英雄，用人才要不拘一格，在适合的岗位上用适合的人才，让其创造价值，才能造就英雄。就像任正非所说，完美的人不一定能为企业做出贡献，不完美的人只要能攻下难关，照样可以当英雄。英雄不问出处，就是要看贡献，个人履历再完美，对企业没有价值，也成不了英雄。

华为在发展的前十年，培养出了无数英雄。迫于生存的压力，当时的销售人员，只要能拿回订单就是好员工。当时很多华为的员工，年纪轻轻就成了部门的领导。他们不是没有犯过错，相反，由于当时缺乏经验和科学的管理，很多员工都是一边犯错，一边成长的。在一次会议上，就有位华为高管问坐在下面第一排的人，谁没犯过无数的错误。这些人都犯过错，后来又都成功了。

任正非说不能忘了曾经的英雄，在华为发展早期，很多人做出了重要的贡献，他们也犯过错，但并不能因此否认他们的成绩，也不能忘了他们，华为就是在挫折与错误中成长起来的。很多企业都有像华为这样的创业经历，犯过无数错，又重新站起来，对于那些犯过错又能做出重要贡献的人来说，不能说他们不是英雄。对企业来说，重要的不是曾经犯过错，而是能从犯错中吸取教训，逐步走向成功。

6.2　容忍英雄的个性，宽容英雄的失败

员工都有自己的个性，企业也不需要千篇一律的员工。对于优秀员工的

个性，企业也应当给予适当的容忍。华为虽然强调集体英雄主义，但并不是要扼杀个性，而是要宽容员工的个性，使员工能够在集体奋斗中发扬个性。在华为发展早期，为了鼓励员工克服自我融入大我中，任正非就说过：

“群体奋斗并不磨灭个性。我认为日本人在这个方面是很优秀的。日本人很团结很讲群体奋斗，但是每个人顽强地表现自己的欲望又是如此之强烈。”

对于企业的优秀员工来说，有些个性可以让他们在工作中更有创造力，但有些个性并不是有利于工作的。对于好的方面，我们可以鼓励，不好的个性也要有一定的容忍度，不能因为一些个性上的小毛病，就否认英雄们的奋斗功绩。

任正非曾对华为人说，要多发现自己的优点，不能总是纠结在自己的缺点上，干部也要多发现员工的优点。对待英雄也是如此，不能将其缺点放大，而忽视其优点，在考核中尤其要注意这一点。

企业不仅要对员工的个性有容忍度，对优秀员工的失败也要保持一定的宽容度，不能因为失败了就否认员工的付出。企业的发展道路有许多是要经过探索的，有了前人的失败，才能有后人的成功。

任正非曾经在一次讲话中对华为人说道，要承认英雄。他说，一百多年前在珠穆朗玛峰探险的人遇难后，直到今天的探险家去攀登，才发现了他们的遗体。他们的探索虽然不成功，但是他们的确是人类伟大的英雄。还有在阿波罗登月计划中，有三名宇航员因为飞船的服务舱液氧箱爆炸而登月失败，他们也是英雄。

失败的人可以从教训中总结经验和原因，告诉后面的人这条路行不通，这是对成功的一种探索，也是一种贡献。因此，在失败中也能产生英雄，就像任正非所说的：

“失败的项目中也有英雄。我们这个喇叭口要心胸宽广，可以多路径，可以容纳更多人才。失败的路径同样有优秀人才存在，失败中也有英雄产生，有缺点的英雄也是英雄。我们要善于总结失败中的成功基因，这样失败也是成功。”

任正非说，如果把那些在失败中的奋斗者留下来，以后遇到同样的困难时，就不会失败，因为他们已经有了经验。有不少企业或企业家都是从失败的教训中爬起来的，任正非当初在决策上也犯过错，乔布斯一度被踢出苹果公司。正因为社会和企业对他们的缺点和失败的包容，让我们看到了他们的成功。

7. 绩效评价不达标的要及时处理

不管在工作中如何努力，最终都需要依靠绩效考核来评价员工的表现。绩效评价不仅可以发掘优秀的员工，还可以清理出不努力工作或者绩效评价不达标的员工。对于绩效评价不达标的员工，很多企业都有一定的处罚标准，这是为了让不达标的员工有危机意识，及时调整状态。

7.1　实行末位淘汰制度

对于经过再三警告，仍不能调整状态，提升绩效考核成绩的员工，有些企业会对这些人实行更为严厉的处罚，甚至是辞退。如果对这些人不进行严厉的处罚，很多优秀的员工也会对此感到不公，企业也就无法激励人才发展。

华为在快速发展的阶段，也曾经出现过不少员工跟不上公司发展步伐的情况，为了保持组织活力，华为在向西方先进企业学习的过程中，引进了末位淘汰制。1999年，任正非在《能工巧匠是我们企业的宝贵财富》一文中写道：

“由于市场和产品已经发生了结构上的大变化，现在有一些人已经不能适应这种变化了，我们要把一些人裁掉，换一批人。因此每个员工都要调整自己，尽快适应公司的发展，自己跟上公司的步伐，不被淘汰。虽然从华为公司总的形势看还是好的，但入关的钟声已经敲响，再把公司当成天堂，我们根本就不可能活下去。”

在发表这篇文章后，华为开始实行末位淘汰制。华为对于在绩效考核中排在最后5%的员工会进行末位淘汰，不管是新员工还是老员工，只要长期绩效不好就会被末位淘汰。这不仅是针对普通员工，对于不同层级的干部，华为也会淘汰在绩效考核中排在最后10%的人。在华为看来，淘汰不合格的员工，是为了引进新的、有活力的员工。企业的岗位都是一个萝卜一个坑，如果不努力的员工占据岗位，新的员工就进不来。

有些领导在绩效考核后，碍于人情，总是会包庇那些不合格的员工。其实这样做不仅不利于保护企业的优秀奋斗者，对考核不合格的那些员工而言，也不利于他们进步。受不到惩罚，他们就会对考核成绩无所谓，也就难以在压力下改进。

2001年，李叶（化名）刚担任华为UMTS基站系统产品总监时，发现有些资历深厚的老员工在工作中长期不在状态，绩效考核成绩也长期排在后面。他依据制度，末位淘汰了这些老员工中的一部分，并且剩下的考核不合格的员工待岗查看。

最初，那些资历深厚的老员工没将李叶采取的措施当回事。在第二次绩效考核后，李叶又依据制度辞退了三个人，这才让那些绩效考核成绩排名靠后的老员工感受到了压力。之后，所有员工都开始努力学习和工作，半年后，UMTS基站系统产品部门员工的工作效率得到了明显提升。

李叶因为认真执行公司制度、管理得当得到了升迁，基站的员工因为绩效高，也都得到了很高的奖金。后来，李叶通过实践对华为的末位淘汰制度做过一番评价，他说：“末位淘汰向员工传递着压力，督促其承担岗位责任，并自觉适应公司文化、节奏，不断提升个人业绩，对于员工是一件有益的事。”

末位淘汰制对提高企业的效率、增加员工的工作积极性有比较好的效果。

华为是一个很有危机感的企业，这种危机感通过末位淘汰制进一步传递给员工。在营销工作中，不能够开拓市场，很多产品卖不出去，企业就没钱可赚，因此这一项工作对整个企业的经营来说至关重要。若营销人员感受不到工作的压力，不能明确自己该做哪些努力才能争取到客户，在华为就会被末位淘汰，这也是为了企业的生存着想。

虽然末位淘汰制度对不少企业的管理效果显著，但是因为淘汰员工的残酷性，也遭到了不少人的质疑。不少人认为企业实行这样的制度是对为其工作多年的员工一种不负责任的表现，也有些企业可能会借此辞退一些老员工。事实上，要将这一制度执行好，还应该了解其真正含义，让这种制度既能促进企业发展，又能促进员工进步。

杰克·韦尔奇当年在美国通用电气公司实行末位淘汰制时，曾经有人对他的做法提出批评。对此，他做出过有力的回击，后来他在自传中写道，有人认为，将底部 10% 的员工清除是一种残酷、野蛮的行径。在他看来，如果让一个不合格的人长期待在一个不能使他成长和进步的环境中，才是真正的野蛮行径。当一些员工不再进步时，公司先什么都不跟他说，等到最后出了事，才告诉他们，不适合在公司待下去了，这才是真的残酷。因为此时，这些员工大多已经工作多年，重新选择工作的机会不多了，他们都有家庭压力，如果不能及早通过末位淘汰的方式让他们进步，他们最终会被社会淘汰，这是最残酷的事实。

末位淘汰制度是否残酷，取决于企业是否执行得当，若执行得当，不管是对企业还是对员工来说都是负责任的。通过这种制度，落后的员工会更加努力工作，对工作、对企业，也对自己负责，企业才能永葆活力，实现可持续发展。有不少企业就是在成功后，其员工在高福利待遇下不愿再艰苦奋斗，不愿进步，企业也无法采取措施，最终被拖向了泥潭。

7.2　干部末位淘汰是为了将压力传递下去

华为对所有员工都一视同仁，干部绩效考核不达标也同样会受到惩罚，这种压力会传递给所有员工。当基层员工看到自己的主管因为绩效不合格而被处罚时，自身也会感受到压力。

很多人对末位淘汰制有一种误区，认为考核排名在后面的员工一定会被辞退，其实对于一些员工，企业不仅不会辞退，还会给他们第二次机会，让他们重新站起来。华为有不少干部在末位淘汰后，就会被降职处理，将管理岗位让出来，重新分配到基层中去工作，进行再塑造。2017 年，任正非在华为战略预备队座谈会上的讲话中说道：

“每年管理者的末位淘汰比为 10%，但淘汰不是辞退，他可以进入战略预备队重新去竞争其他岗位。通过淘汰主管，将压力传递下去。在这个时代，每个人都要进步，时代不会保护任何人。”

华为制定末位淘汰等制度，就是为了避免员工变得懒惰。让末位淘汰的干部重新去竞争其他岗位，可以重新激发这些干部的工作激情，让他们对过去的表现进行反思，如若能改进，重新做出大贡献，对华为来说仍是英雄。

华为很多被末位淘汰的干部，最初都取得了不错的成绩，要不然也不会站在管理岗位上。这些人也是因为一时的懒惰或者疏忽，造成工作业绩不达标，华为希望再给他们一次机会，这些人也需要再有一次机会来证明自己。

2001 年，方维（化名）加入华为，在国内办事处工作的两年间，表现优异。2005 年，他主动申请到刚果（金）拓展市场，一步步做到销售副代表。一直表现优异的他，在 2010 年底遭遇了挫折，他被干部末位淘汰了。

沉浸在痛苦中的方维，并没有被华为辞退，而是被派往更为艰苦的埃塞俄比亚。方维知道这是个再次证明自己的机会，他在接到通知后的一周内就赶到了埃塞俄比亚。这次他给自己定下了目标，就是要总结以往的教训和经验，一定要拿下埃塞俄比亚市场。方维在埃塞俄比亚面对的是友商死死封闭了 4 年的独家电信市场，他在这片市场中承担的是项目团队的日常组织和具体项目运作，以及部分核心客户关系管理的工作。

在埃塞俄比亚绝大部分时间里，他都是在客户那里和办公室度过，与同事反复研究客户关系，制定竞争策略。同时，他也不断反思自己为什么会被干部末位淘汰，并把以前的组织管理经验带到了埃塞俄比亚，在代表处组织辩论、分享经验，以提升工作效率。经过在埃塞俄比亚近两年的重新奋斗，方维与项目组在当地市场占据了一席之地，他也重新站了起来，深刻体会到了那句“烧不死的鸟是凤凰”。

再次迎接挑战、奋斗的过程是自我批判的过程，也是重生的过程，能够从泥坑里爬出来的人就是圣人。华为要的就是这种能上能下的干部，在管理岗位上能干出一番成绩，犯错后又能在其他岗位重拾信心，重新开始奋斗，这样的员工才能不被困难打倒。

第7章 构建强客户关系

营销工作最重要的就是要与客户建立起良好的关系，得到客户的认可，然后才能让客户放心将订单交给企业。如何构建强客户关系，是一门学问。销售人员如果能与客户建立起朋友般亲密的关系，并且能够实现对客户的承诺，帮助客户实现商业成功，强客户关系就能长久维持。

1. 构建不打领带的客户关系

企业与客户建立起密切的关系，有助于双方建立信任感，销售工作很大程度上取决于企业与客户的关系。对于还未拿下的客户，与之保持密切联系，经常找机会接近客户，也有利于客户关系的建立，只要能从客户处得到一次机会，好好把握，将后期的交付工作做好，就会有第二次机会。对于已经有合作基础的客户，更要维护好客户关系，不要让双方的联系中断。奋斗在一线的市场人员，要与客户建立起不打领带的关系，使双方的关系如朋友般亲密。

1.1 建立全方位客户关系

企业想要与客户建立深厚的友谊，就要建立全方位的客户关系。不仅是与客户的决策层建立好关系，与中基层客户同样要建立深厚的友谊，将每一个层级的客户都关照到，确保万无一失，不留给竞争对手任何机会。

2000 年，中国电信业分拆后，华为不仅放出“七匹狼”，还保留在各省地市级的经营部。当时，拆分后的地市级公司已经没有采购权了，就连省级公司的部分采购权也被收了回去。那些在中国的国际巨头与客户关系也只建立到省级公司，因为没有了地市级公司采购权，华为当初遍布各地市的 200 多个网络似乎没有了用武之地，在竞争中也失去了一大优势。

当时，华为内部也就是否保留在地市级公司的经营部讨论过，有人建议撤销这些经营部，以节约成本，并且可以将这些人员派出去拓展国际市场，因为此时的国际市场正需要大量销售人员。但这个建议很快就被任正非给否决了，在他看来，华为在各地市级公司设立的经营部就是与西方公司的不同之处，之后每层每级都去贴近客户，才能有利于对华为的任何一次投票。

因此，华为不仅没有撤掉这些经营部，还加强了在各地市级城市的营销服务网络，将之前的销售经理转变为客户代表，监督华为的服务质量。

很多大客户在订购产品时，都会征求中基层员工的意见，华为贴近每一层级客户的做法，就等于是争取到了每一层级客户的投票，当客户最终做出决定时，华为自然就成了首选，这样的关系就是企业与客户之间不打领带的关系。

华为不打领带的客户关系不仅遍布国内，在海外市场，华为也是这样做的，不放过任何一个角落的客户关系。一线员工始终与各层级的客户保持着密切关系，经常与不同层级的客户共同合作，相互学习，在互动的过程中，加深彼此之间的感情。

1.2　凡事以客户为先

与客户建立不打领带的关系，不仅仅是依靠与客户几次面对面的交流就可以做到的，更需要一线的销售人员能够在合作中做到凡事以客户为先，主动帮助客户解决问题。

华为深知先让客户获得成功，自己才能成功，所以始终坚持以客户为中心的经营理念，不管做什么事情，首先想到的就是如何帮助客户，以及成就客户。久而久之，不少客户在遇到问题时会第一个想到华为，需要采购时也会首先将华为纳入考虑名单中，这就是建立不打领带的客户关系的优势。

华为前副总裁张建国曾说过，华为很早就坚持以客户为中心的经营理念。他表示，以他对任正非的了解，如果当华为只有一辆车时，任正非正要用车，而同时又有客户要来，任正非会毫不犹豫地让司机去接客户。有一次，某电信局的科长到华为来考察，任正非亲自做菜给他吃，其实旁边就有小饭店，但任正非认为这样更有诚意，给客户的感受也不一样。

华为的员工也能在工作中做到始终将客户摆在第一位，在汶川地震、日本大地震爆发时，华为人第一个想到的是客户的设备会不会受到影响。

做事情考虑客户的感受，以客户为中心，将客户的需求摆在第一位，会让客户感觉到企业是真心实意为自己服务的，对双方关系的进一步发展十分有利。

当与客户建立起良好的关系后，企业就要想客户所想，做客户所做。华为在与客户合作时，除了会为客户制订一套完整的解决方案，努力提高服务质量外，还会对客户的情况进行分析，帮助客户减少成本，以及怎样在市场竞争中获得优势。华为处处为客户着想，甚至有些问题在客户还没反应过来时，华为就已经为客户想好了对策。

自2015年起，由于土耳其局势动乱，华为在当地的客户对网络安全感到十分担心。对华为来说，客户的问题就是自己的问题，只要发生爆炸或动乱事件，一线员工就要在客户发现网络问题时，做出反应，及时提醒和推动客户排查网络，并且尽快为客户提供应急预案。

2016年7月的一个晚上，土耳其发生了军事政变，华为知道这对客户的网络将有不利的影响，因此第一时间引导客户冻结网络，避免客户的网络遭到恶意破坏。在此后，华为又向客户提供了安全的保障方案，并在一周内进行24小时值守，保障客户的网络平稳运行。华为想客户所想，将客户利益放在首位的做法，得到了客户的极大认可，客户称赞华为的服务是最好的。

企业对待客户的态度，以及解决问题的能力都直接影响客户对企业的态度，也能影响客户是否决定再次购买企业的产品。早于客户发现风险，及时帮助客户解决问题，让客户感觉到企业对于这段友谊的重视，才能得到客户的信任和依赖，并逐步与客户建立起不打领带的良好关系。

2. 第一时间出现在客户最需要的地方

当客户需要帮助时，总是希望能够在第一时间获得企业的帮助。而且能否第一时间出现在客户最需要的地方，满足客户的需求，对企业的反应速度，以及服务意识都是一个考验。

2.1 成为客户第一个想到的人

企业与客户建立不打领带的客户关系，就是希望能够让客户将企业作为自家人看待，有什么问题第一个想到的是企业。这说明客户最信任的是企业，相互之间已经建立了深厚的友谊。如果客户能够在有需求时第一个想到企业，那么企业的产品也就不愁没有销量了。

华为经常对一线员工强调，要做离客户最近的那个人，这不仅是距离上的相近，还有心灵上的相近。离客户最近，才能对客户的需求有足够的了解，当客户有困难时，及时发现问题出在哪里，随时为客户提供帮助。

2012 年 11 月，有一天早上 5 点多，还在睡梦中的任强（化名）被叫醒，客户在外面着急地等他。任强感觉到出事了，立即与客户一起赶往机房。一到达现场，就发现机房里的不停往外冒浓烟，客户高管都到了。机房里有电源、电池、主设备，如果没有人进去关闭电源，随时有爆炸的危险。

作为华为派往现场的第一责任人，任强感觉自己有责任阻止爆炸发生，而且要尽快帮助客户恢复业务，如果长时间业务瘫痪，对于客户来说将是一个毁灭性的打击。在向客户 CTO 说明事情的严重性，并取得客户授权后，任强前后两次冲进机房，切断了电源，第一时间排除了爆炸风险。

接下来在代表处、地区部、国内技术支持下，组织了事故处理小组，在 2 个小时后为客户设备重新上电。之后又帮助客户恢复了主业务，客户高层这才放下心来。由于现场只有任强对组网和设备最熟悉，因此他选择留下来保障网络安全。经过这次事件后，华为的服务得到了客户高层的高度认可，2 个月后，华为从客户手中签下了北非地区没有代维合同下单独销售备件管理服务的第一单。

与客户的友谊是用实力和真诚的服务换来的，华为人在客户有需求的地方设立服务点，就是为了离客户更近，更好地了解客户需求，并在第一时间为客户送上高质量的服务。

有些客户能够在第一时间想到华为，就是因为华为的反应速度快，并且通过与华为的交流感受到了华为的可靠。能够给客户这种感受，对企业的销售工作来说，就已经成功了一小半。

2.2 第一时间赶往问题现场，保障客户利益

华为强调要快速对客户的需求做出反应，因此在一线工作的华为人接到客户请求后，不管白天还是黑夜都会以最快的速度赶往问题现场。华为在创业初期，不管客户在多么偏远的地区，只要客户出现问题，华为人总是想办法在第一时间到达问题现场，这一点当时很多竞争对手是无法做到的。华为这么做，不仅及时保障了客户利益，还让客户感受了被重视，愿意与华为交朋友。

如果说，华为创业初期这么做是为了生存下来，如今这一传统被延续下来，则体现了华为对客户关系的重视，不论国内外市场，只要客户有困难，华为人总是能将客户利益放在首位，有时甚至不顾个人安危，也要在第一时间保障客户利益。

2010 年智利大地震时，一位 33 岁的华为员工和两位本地员工带着柴油、水和食物，勇敢地赶赴现场，响应客户需求。用他们的话说，就是要拿出实际行动来证明，华为是值得客户信任的合作伙伴。连续 5 天，他们与客户一起抢修站点的设备故障，直到通信恢复正常才撤离。

日本“3·11”大地震发生时，不少友商都在第一时间撤离了，但在日本的华为人却坚持在危难时刻，履行企业对社会的责任。华为的中方、日方员工背着行李前往现场，保障客户的通信设施，华为的几位高层也特意赶来灾区慰问和鼓励前线员工。

2016 年 4 月，南美洲国家厄瓜多尔某地区发生地震，灾情严重。面对地震带来的损失，华为厄瓜多尔代表处在震后 15 分钟内就紧急成立了业务连续管理小组以及交付保障团队，此外，代表处的各系统部也紧急成立了应急小组。华为主动联系客户，客户线员工在 20 分钟内就赶到了多位客户的事故现场，本地骨干也迅速赶到现场，第一时间协同客户保障通信。代表处后方平台也在第一时间联系上所有员工，以确保大家的人身安全。

很多友商对华为的评价都颇高，甚至称赞华为是伟大的对手。华为也与

很多极为挑剔的客户建立了长期合作关系。华为之所以能让对手心服口服，让客户信赖，与其不断提高管理水平、产品和服务质量有关，也离不开华为人重视客户。第一时间赶到客户现场体现了华为人的责任感和对客户利益的维护。

当客户出现问题时，总能第一时间赶往现场并不是一件容易做到的事。如果所有企业都能做到，这也就不能成为华为的优势了，正因为鲜有企业能做到，华为在客户心中的分量才显得更重。为了做到这一点，华为人也是费尽苦心。很多华为的一线人员为了保障客户的设备，或者随时随地响应客户的问题，经常待在客户的办公室。华为也提倡员工多与客户待在一起，常去现场。在办公室喝喝茶，打几个电话，是解决不了问题的。

张桦（化名）在华为呼和浩特代表处工作了十年。在2006年上半年，他作为核心网TD负责包头端局的设备搬迁新建工作。此前客户一直使用的是友商的设备，还没习惯华为的设备，不信任华为员工。为了让客户尽快适应华为的设备，并信任华为员工，张桦在现场为客户组织了多次专题培训。

设备入网后，每次遇到客户投诉或出现问题，张桦都会将客户请到设备维护台前，先演示一遍怎么做，然后教会客户该如何操作。那段时间，张桦几乎每天都待在客户机房里，一旦出现问题，客户不用打电话找他，直接喊一声，他就立马过来了。客户后来对华为的服务赞叹道，以前总是听说华为提供的是保姆式服务，现在才算是真正体验到了，要是华为走了，估计再也享受不到这么好的服务了。

客户关系就是在平时与客户相处、为客户服务的点点滴滴中逐渐建立起来的。每一次的服务好一点，客户对企业的信任就增加一分，企业的产品销售就又多了一分希望，所以在与客户交往时应注意每一个细节，在客户心中树立一个专业、敬业的形象。

3. 坚持不懈的真诚，就是最好的敲门砖

在开拓新客户时，真诚是让客户接受一个陌生销售人员最好的敲门砖。因为真诚，可以认为销售人员所代表的企业是可以信赖的。在激烈的竞争中，竞争对手们为了争取客户，也会使出浑身解数。要想从众多竞争对手中脱颖而出，就需要从内心深处打动客户，而客户最想从企业身上得到的就是真诚又专业的服务。

3.1 对客户要有宗教般的虔诚

对企业来说，客户就是上帝。企业与客户的合作是建立在诚信的基础之上的，没有诚信，企业就在客户心中失去了信誉，而这也会影响企业与更多客户的合作。一旦企业不讲诚信的做法在行业内传开，企业就再无立足之地。对此，任正非发表过自己的看法，他说：

“中国实体经济最紧要的就是一句话：诚信。对客户要有宗教般的虔诚。如果中小企还提什么商道、模式，那就错了。品牌的根本核心就是诚信、真诚。你要对客户需求有宗教般的虔诚。诚信，只要你诚信，你就可以活下去。我们的经验说到底，就是一个诚信。”

真诚对待客户的态度要始终如一地保持，从争取客户，到拿到订单、完成交付的全过程都应该始终保持真诚的态度。在对目标、客户的坚持中，也要有真诚的态度，不管客户最初是否接受企业，甚至是多次拒绝企业，都不应该对客户有所抱怨，而应该反省自己的态度是否真诚。

如今，华为已经是享誉全球的著名企业，但在十多年前，很多国家和地区的客户甚至不知道华为是一家什么样的企业。在被客户一次次的拒绝中，华为人学会了要用真诚去慢慢打开客户的心。精诚所至，金石为开，客户与企业之间信任感的建立有一个过程，坚持不懈的真诚是感动客户和赢得客户

尊重的法宝。

2003年，陆海（化名）被华为派往尼日利亚做销售。刚到新的环境，人生地不熟，语言交流都成困难，每次找机会试图与客户交流都遭到拒绝，有时候连客户的大门都进不去。当时，华为在当地开拓市场不久，当地人根本不知道华为是干什么的，甚至嘲笑地说，从来没有听过华为公司。

深受华为企业文化熏陶的陆海当然不会就这么放弃，他知道销售人员最重要的就是对客户要真诚，所以他一直坚持寻找机会打动客户。有一次，陆海得知当地一个项目负责人的女儿将要出嫁的消息，他认为这是一次好时机。于是，他决定亲自到婚礼现场为这对新人送上最真挚的祝福，尽管婚礼当天，天气恶劣，在去婚礼的路上又遇到了汽车抛锚，弄得陆海有些狼狈，但他仍坚持到达现场，为新人送上了祝福。客户也被陆海坚持不懈的真诚感动了，最终陆海拿下了项目。

2003年，陆海刚到尼日利亚时，当地手机用户不到200万，在无数个像陆海这样的华为员工的努力下，真诚地换来了当地大片市场。到2015年时，尼日利亚手机用户已经突破1.3亿。

一线销售人员的真诚就是企业最好的名片，对塑造企业的品牌形象有重要作用。只有当企业用心与客户交流，以虔诚的态度对待每一个层级的客户时，才能换来客户的真诚。

真诚不仅要表现在态度上，更要表现在行动上。口头上对客户示好，不如行动来得实际。想要客户感受到真诚，还应贴近客户的需求，把握住拜访客户的每一次机会，观察和分析客户最想要的是什么，然后找机会针对客户的痛点，坚持向客户推荐自家的产品。

2009年，华为在某个国家代表处的产品经理黄超（化名），第一次拜访客户时，客户让他在会议室等候，整整一个小时过去了，客户仍未现身。转眼间，客户下班的时间到了，当客户走出办公室门时，发现黄超还在等他，便礼貌性地说："我现在下班了，我们下次谈。"黄超回答道："没事，明天我会再来等您。”

这次拜访，让黄超明白了客户对华为的产品还有些偏见，回到代表处后，立即与同事商量对策，最后得出结论，要想拿下客户，就要从最基础的工作做起。第二天，黄超实现了前一天的承诺，再次拜访客户。在客户办公室外等候的时候，他密切观察着周围的一切，并记下信息，就这样在客户办公室外连续观察了2周后，客户的有些产品经理开始找黄超咨询一些方案。黄超把握住机会，也不断回访客户。

随着回访的次数增多，客户逐渐感受到了华为的诚意，终于给了黄超一次机会，最初只是聊一聊智能手机的话题，后来话题慢慢扩展到产品、文化等领域，与客户的关系就此打开了。在此之后客户向代表处的一次咨询中，华为凭借出色的问题解决能力，以及每周都将研发情况向客户汇报的真诚，使客户开始接受华为，并向华为邀标。

在接受企业之前，客户会对企业进行一系列考验，企业应该认真对待客户抛出的每一个问题。有时候，客户出现的问题与企业无关，企业也应该尽心地帮助客户，并借此机会展现自己的能力，以及想为客户服务的诚意。每一个还没有被攻克的客户都是潜在客户，因此，不管客户有没有合作意向，首先要端正与客户打交道时的态度。

3.2 与客户面对面交流，以真诚的态度了解客户需求

敲开客户大门的过程中，销售人员要主动，客户在与企业建立深厚友谊之前是不会主动将生意送上门的。主动拜访客户，寻找面对面与客户交流的机会，不管是什么级别的客户，与他们面对面交流不仅可以显示出企业的真诚，还能获得企业平时收集不到的信息。

机会总是青睐有准备的人，与客户交流前，应准备充分，否则到了与客户交流时，对于客户提出的问题毫无准备，答不上来，容易使客户对企业的能力以及合作诚意产生怀疑。不管与客户是正式还是非正式的交流，对客户无意或有意提出的需求及问题答不上来的，都应记录下来，回去做好功课，下次拜访客户时，为客户详细讲解，让客户感受到企业的真诚用心。

为了让业务团队在残酷的竞争中做到匹配客户商业诉求，发挥自身的优势，周密（化名）给自己定了一个目标，在三年内，要见到100位以上的客户，通过与客户的面对面交流，把握业界发展趋势，从分析客户诉求中找到机会点。

设定目标后，他抓住一切机会与客户见面，进行直接沟通。同时，他也对自己提出了要求，每次见客户前都要亲自参与交流材料的准备，而且与客户见面时，由自己阐述，从而拉近了与客户的距离。通过这种方式交流，他从客户处获得了不少第一手直接的反馈，长时间的积累，让他对客户需求拿捏得更为准确，他也因此获得了更多与客户交流的机会。

三年之期到了，周密与客户有120多次的交流，他仍坚持与客户面对面交流，努力让自己所带领的团队处于业务理解的最前沿，成就客户，成就自己。

销售工作就是要经常与客户交流，为了拉近与客户之间的距离，面对面交流是很有必要的。有些有着丰富经验的员工可能会认为，凭借经验就能洞察客户需求，事实是，经验也可能是错误的，与客户直接交流才能提高对客户需求把握的准确性。

此外，销售人员能够在繁忙的工作之余，坚持去找客户交流，也更能显示出自己的诚意。有些问题无法通过电话或邮件的沟通方式解决，必须与客户面对面交流，当双方四目相对时，很多问题可以放开了谈。当客户愿意与企业进行业务交流时，企业的坚持就没有白费。

4. 更独立地管理客户高层关系

客户高层往往对是否采购企业的产品起着决定性的作用，因此维护与客户高层的良好关系对企业销售来说至关重要。与客户高层关系的维护不能全部依赖企业高层，毕竟企业高层很少有机会亲临客户现场，大多数时候，与客户高层关系的维护要依靠奋斗在一线的员工。这些人是离炮火最近的人，对客户高层也更为了解。一线员工应该培养独立管理客户高层关系的能力，多与客户高层交流，向客户高层汇报工作。

华为的优秀一线员工，在不断与客户交流，尽心尽力帮助客户解决问题的过程中，与客户建立了深厚的工作友谊和私人友谊，他们为客户的高层客户关系管理做出了重大贡献。

4.1 从中基层客户开始，逐渐突破高层客户

客户高层通常较为“高冷”，企业员工最初很难接触到他们，就算有接触机会，客户高层也不一定会给企业员工机会。但是，相对高层客户而言，客户中基层更容易接近，企业员工可以通过与客户中基层建立好关系，获取与客户高层以及客户需求的相关信息，以便“对症下药”，慢慢接近客户高层。

肖钢（化名）在华为工作几年后，开始转岗做客户经理，接手这一岗位时，华为与某客户的关系降到冰点。肖钢试图打破这个局面，于是主动联系客户，可一个多月过去了，客户既不接电话，又不肯面谈，连邮件也不回。一次，肖钢拜访客户 CEO，客户 CEO 看到他后，直接让工作人员赶他走。

这样的情况下，肖钢仍坚持每两天拜访一次客户。从客户基层开始突破，约他们出去喝茶、吃饭，慢慢熟络了，肖钢逐渐从他们口中了解到一些客户 CEO 的相关信息，慢慢掌握了客户 CEO 的喜好，以及与其沟通的方法和思路。

当时，正值巴塞罗那移动大会（以下简称“巴展”）即将召开，肖钢坚持每天给客户 CEO 打电话并上门邀请他参加，同时请求客户中层帮忙。最终客户董事长和 CEO 同意和肖钢一起去巴展，并探讨双方下一步的合作战略。在巴展上，华为又安排双方高层会谈，推动了困扰华为多年的客户超长期 AR 问题的解决。

经过 3 个多月的多轮谈判，华为和客户成功签署了债务重组方案，年底客户超长期 AR 实现了清零。这次问题的解决实现了双方共赢，双方的信任再次建立。事后，客户 CEO 多次正式发函对华为表示感谢。

客户中基层也是直接面向市场的员工，他们对企业的管理，以及客户高层的喜好都有一定的了解，而且客户在做决策时，也时常会征询客户中基层的意见，做好客户中基层关系管理对管理客户高层关系建立是很有帮助的。此外，在与客户中基层的交往中，可以对客户的发展状况有一个大致的了解。在面对客户高层时，从客户中基层处收集来的信息能够帮助企业员工找准谈话的切入点，有时还能正中靶心，找出客户痛点。

突破客户中基层，接近客户高层时，也是有讲究的。一般而言，如果企业员工能先找到对客户高层有重要影响力的高层人员，并且说服他给企业一次机会，那么其他客户高层对企业的抗拒感也会有所减弱。如果能与在客户高层中可发挥关键作用的高层人员达成共识，建立互信，可以说建立客户高层关系已经成功了一半。

2008年，王阳（化名）进入华为西班牙代表处终端业务部，当时华为与其他运营商的手机签订了独家协议，因此拒绝了不少客户，导致有些客户开始对华为产生抗拒感。

王阳深知，华为想获得更广阔的市场，首先就得改善与这些客户的关系。为此，他制订了一个改善客户关系的计划。他与团队先与客户中基层建立联系，向客户介绍华为的最新情况及产品，使客户重新把华为引入正常选型流程。再次，就是构建关键客户关系，他发现客户CMO是整个决策链中的关键，CEO对他非常信任，因此打算从客户CMO开始着手。

在仔细研究过客户CMO的经营理念、兴趣爱好等后，王阳通过多次主动拜访、互访等方式获得了他的认可。客户CMO高度认可华为的经营文化，不久后他正式升任客户CEO，最终促成了与华为的合作。

客户关系也是生产力，对于有决策权的高层客户来说，他们更加关心自身利益，也更加注重合作伙伴的能力与诚意。一线员工在外代表的就是企业的形象，他们独立管理客户高层关系的能力直接影响客户对企业的看法，华为最近几年向一线下放权力的原因之一，就是为了通过对客户需求的快速反应，构建更强大的客户关系。

管理高层客户关系不仅是与之建立友谊，还要维护好这段友谊。没事与客户高层多聊聊天，多到客户高层处走动。不少华为一线人员在项目完成后，或者在节假日都能受到客户高层的热情款待，这是客户对其个人能力的认可，也是客户对华为公司的认可。

4.2 想办法创造与客户高层交流的机会

机会需要靠人去创造，在被竞争对手围得密不透风的客户市场，让客户重新做出选择，更换合作伙伴是一件很难的事。面对这样的状况，企业员工就应该抓住一切可能的机会，主动关心客户，至少要让客户知道有某个人存在，先给客户留下印象，再慢慢向客户介绍产品。

华为进入行业比很多竞争对手都要晚，因此华为进入市场时面临的就是基本已被瓜分完的市场。华为今天能够占领那么大片的市场，就在于华为人敢于主动创造机会，始终与客户保持密切的关系。

华为的一名女客户经理方芳（化名）为了让一个客户认识华为的无线产品，几乎每天都待在客户公司各大部门，每次行动都要向客户 CEO 报告。当客户对友商的产品有意见时，她会关心客户，并借机介绍华为的产品。在做了一年的简报后，她摸清了客户的网络架构和痛点，积攒了客户的信任，有些客户看到她都觉得是自己人。

与客户打成一片还不足以让其下定决心购买华为的产品，关键还要说服客户 CEO。方芳每天在客户 CEO 心情最放松的下午茶时刻拜访客户 CEO，终于有一次，客户 CEO 对她说，如果她能说服技术部门及 CTO，并且在价格上有商量的余地，就一定会支持她。接下来几个月，方芳几乎天天都要到 CTO 办公室一趟，为其买咖啡，抓住机会交流，直到 CTO 被打动，同意派网络技术部门的执行副总与方芳一道前往日本做技术交流。

趁着这次外出交流的机会，方芳说服了客户执行副总，并最终获得客户 CTO、CEO 的认可，在回来几个月后便获得为客户做 3G 基站测试的机会。

从以上案例可知，要想获得客户高层的认可有多困难，但也并非没有经验可循，最重要的经验就是要多创造机会与客户接触。一回生二回熟，与客户逐渐熟络了，离客户就近了一大步。

5. 用专业化的能力赢得客户的信任

现在的客户更加注重企业产品的质量以及企业服务的专业性，客户对企业的了解途径也很多。有些客户为了谨慎起见，不会因为企业对外宣传有多好就购买企业的产品。所以，现在企业为了让客户的信任感提升，经常会公开一些产品的信息，以打消客户的疑虑，有些企业甚至会在产品大规模推出前，邀请客户前往体验，并根据客户意见做出修改。

在商品琳琅满目的市场，交易早已由买方市场转变为卖方市场。企业的销售人员在向客户推销产品时，应该尽可能详细地介绍产品的信息，越是隐瞒某些信息，客户就会越感到不安，从而对企业的专业性产生怀疑。为了打消客户疑虑，让客户信赖企业的产品，还不如主动提供产品相关信息，并且根据客户反馈及时改进。

5.1　聆听客户意见，提升客户满意度

客户意见是准确把握客户需求、完善产品非常有利的途径。任正非经常对华为人强调，要主动接受客户的意见和批评。主动接受，可以使企业及时改进，亦可显示出企业对用户体验的重视。若是习惯性被动接受客户的批评，总是等到问题出现才反应过来，未免显得企业太不专业与不重视。

华为主张要打造极致的客户体验，客户越是苛刻，他们就越能将产品做好。为了收集客户意见，提高客户满意度，华为还经常邀请众多客户一起讨论产品，聆听客户们的意见。

华为每年举办用户大会，邀请很多客户前来与华为的研发人员一起讨论产品。在用户大会上，华为会将客户提出的问题、质疑等收集起来，并形成 TOP 项目，之后由项目经理牵头负责 TOP 项目，围绕客户诉求对产品进行改

进和闭环。

2017 年 7 月，华为在西安举办了第九届用户大会。这一年的用户大会宗旨为“聆听、合作、改进”。华为在会上以 TOP 问题改进为核心，专心聆听客户的声音，意在将华为的“质量文化”和“工匠精神”传承下去，并发扬光大。在会前，华为就表示，要一直致力于向客户提供高质量的产品、服务，以及完善的解决方案，不断提升客户满意度，让华为的服务，为每位与华为合作的客户创造价值。

此次大会期间，华为邀请了来自全球各地的运营商，聚焦点为如何激发现网价值，降低成本，提高效率，还就业务和网络转型等问题做了深入探讨。在会上，华为还向所有客户汇报了上一年华为 TOP 项目的改进成果，在继续聆听客户声音的基础上，又讨论出了 2017 年的 TOP 项目。

大多数企业在推出新产品时，都会遇到不同程度的内外质疑。为了打消内外的疑虑，应将内外部声音收集起来，进行认真分析和改进。有些客户在最初发现企业的问题后，也不愿表达出来，因为他们认为企业不会听取他们的意见并进行改进，这时，企业就应该拿出实际行动来证明，自己重视客户意见，并且能够按照客户意见进行改进。

在这一点上，华为可以说是一个很好的榜样。每年的用户大会上，华为不仅会与客户讨论，争取他们的意见，还会将上一年的问题向客户汇报。这样就会让客户感觉自己的建议是被重视的，也愿意与华为这样虚心改进、增强专业能力的企业合作，而这也成了华为获得订单的法宝之一。

5.2 主动接受客户的检验，打造专业服务

聆听客户的声音，先要让客户对企业的产品有所了解，最好是能让他们亲自体验。很多客户只有在亲眼看到产品，并进行检验，体会到产品的优势后，才能放心下订单。华为人在往年的市场经验中，早就掌握了客户的这一心理，因此他们会主动邀请客户测试产品，而不是遮遮掩掩。

对于一个敢于主动接受客户检验的企业，客户首先会认为这个企业对自身的产品是自信的，也说明企业在服务方面做得够专业，这是对客户负责任

的表现。任正非就经常对华为人说，要让客户心甘情愿掏出口袋里的钱来购买产品。因此，华为采取主动接受客户检验这一方式来赢得客户信任，让客户在体验完华为的专业服务后，不会再想到选择其他企业。

华为Smart Care在南美有一个重要战略项目，即巴西Nextel，华为专门组建了项目组为这个项目提供支持，以确保能在世界杯期间发挥Smart Care网络监控以及VIP保障的作用。客户给这个项目规定的时间本就不多，从开工到平台搭建用了近两个月，后续还有软件调测、风险割接等操作要完成，这让负责项目的陈峰（化名）和项目组成员的压力巨大。

就在陈峰他们项目组正争分夺秒完成任务时，本以为这项订单不会再出什么问题，谁知这时一友商半路“杀”出来，以极低的报价进入客户的采购目录，友商价格上的优势，让客户对华为Smart Care开始提出质疑。陈峰他们项目组认为，要打消客户疑虑，就必须让客户亲眼见到华为产品的优势。于是，他们精心准备了一套测试平台能力的演示方案，确保每一个细节都完美。

现场演示那天，客户亲自用手机上网测试，华为产品的性能优势瞬间体现出来，完全征服了客户。客户主管非常高兴，当即表示华为可以继续下一个阶段的工作了，华为也将这一订单牢牢握在手中。

客户都希望自己购买的产品和服务能够帮助自己获取更大的商业成功，当他们对产品亲自体验过后，才能感受到哪家企业的产品更具优势，更能帮助自己实现成功。所以，打消客户疑虑的最好办法，就是要主动接受他们的检验。为了在主动接受客户检验时，让客户对企业产品的体验比竞争对手的更好，销售人员应该将搜集的客户信息及时反馈给研发人员，让他们根据客户需求将产品做得让客户满意。

有些客户在与企业没有合作基础时，即便答应给企业一个机会，但在骨子里仍然对企业的专业性产生怀疑。应付这种极为挑剔，并且一心想挑出点毛病的客户，只有为他们提供极致的客户体验，才能让其心悦诚服。既然客户看中商业利益，在被产品的优异性能所震撼的同时，也一定会冷静下来重新考虑企业的产品。

华为在土耳其经过几年艰难的发展时期，直到2005年，才争取到一个机会。不过，前提是华为必须按照客户的要求做，客户要在15天内到华为总部测试产品，并且对测试环境、测试现场等提出了不少要求。土耳其代表处了解到客户要求后，立即派人回深圳总部组织测试。为了迎接客户的到来，华为总部也认真做好准备。

客户如期到来。在第一天的测试中，每次配置好业务后，客户就要求所有华为人员都离开测试现场。客户测试一天半后，没有发现任何问题。直到第三天下午的测试中，客户发现了一个小问题，对此感到十分得意，好像在表示终于找到华为的漏洞了。后来经过华为人员的坚持，发现只是链接显示断了，不是产品的问题。

客户在几天的时间里，几乎挑不出任何毛病，于是表示之前测试的功能并不重要，重要的是满负荷测试。关于这一测试的标准，客户一个字也不透露，华为于是按照最严格的电信级标准来进行。测试开始后，客户让华为人员都离开测试现场。客户不停挑毛病，但最后发现都不是产品的问题。测试完毕后，在送客户回酒店的路上，华为测试负责人问客户还有哪些地方需要华为改进，客户告诉他说，从来没想过华为有这样高的水平。这次测试彻底征服了客户。

主动聆听客户意见，接受客户检验，对企业来说，都是为了提高自身专业化的能力，并且向客户展示专业化的能力。有底气的企业才有勇气主动用专业化的产品和服务去赢得客户的信任。所以企业最需要做的就是，尽一切可能提高产品质量，提高服务水平，有了优质的产品质量和服务，就不怕客户挑刺，客户也自然会对企业产生信任感。

6. 全方位解决客户反映的各种问题

在客户面前，企业在某些领域就是专家，在这一领域内出现问题，首先想到的就是找企业解决，这是客户出于对企业的信任。如果客户购买的是企业的产品，中途出现问题，企业帮助客户解决问题是企业的责任，企业应该在第一时间赶到问题现场。

6.1 不放过客户的每一个问题

客户反映的各种问题，企业都要先想办法解决，再小的问题也要找出来，不让客户的利益受到任何影响。客户不会毫无缘由地反映问题，只有当使用过程中出现了影响工作的问题才会寻求企业的帮助，企业接到客户的求助后，应该坚持做到不放过客户的每一个问题。即使是一些隐藏很深、非常细小的问题，看似不起眼，也可能会造成重大损失，全方位解决客户反映的所有问题，才能避免客户利益受到损害。

2004年，华为CDMA海外第一大网也门移动网络实现商用，经过一个多月的优化，改善了初期网络质量不佳的情况，运行后，客户很满意。但当华为员工完成网络支持后没几天，就接到了客户投诉，在也门的华为员工非常着急，刚返回深圳的支持人员，又立即赶往现场。

到达现场后，客户还是投诉掉话，投诉地点在客户办公大院的休息室。这个地方距离基站只有200米，信号很强，华为人员在客户投诉点用手机拨打了20多次电话，也没有出现掉话的情况。这让华为人员不由得怀疑，是不是客户故意在挑刺。正当他们疑惑时，客户又投诉了。

华为人员下定决心一定要将问题找出来。第二天，华为派出了6支队伍同时赶赴现场测试，通过不断地拨打电话，终于将问题找了出来，原来每300次通话会出现一次掉话。华为立即采取规避措施，之后再无掉话情况出现，客户也停止了投诉。

很多企业为客户提供的产品和服务，一般没有大的问题，即使有，在交付过程中也便于被发现。但是隐藏很深的一些小概率问题，不容易被发现，却能对企业服务质量产生很大的影响，如果企业不能做到细心再细心，并且始终保持对发现问题的耐心，这类问题就会层出不穷，客户也得不到好的体验。对于客户的问题，企业不能放弃每一个解决问题的机会，当问题难以发现时，更不要试图遮掩问题，否则企业的信誉就会遭受损失。

为了减少客户投诉，企业在销售阶段就要对客户的各种需求全面掌握，在交付时也要规避风险，减少问题出现的可能性。先预防后解决问题在客户心中更能留下好的印象。当问题很难规避时，就要在出现问题时，第一时间响应客户需求，不可拖拉，以免伤害到与客户的关系。

6.2 面对客户的反映，不是华为的问题也要帮忙解决

不少客户在向企业下订单时，往往会同时采购几家企业的产品用在不同的环节。有些客户在之前采购的产品是这家企业的，后来采购的产品又可能是另一家企业的。不同企业的产品同时操作，出现问题时也不知道到底是哪家企业的产品出现了问题。当企业通过检查发现不是自家产品出现问题时，如果有条件，也应尽可能帮助客户解决问题。这是一个拉近企业与客户关系的绝佳机会，如果企业在这件事上目光长远些，能快速帮助客户解决问题，也就增加了客户下次采购企业产品的可能性。

有一天晚上，林良（化名）接到华为呼和浩特代表处一线的电话，说骨干网络发生持续闪断事故，一线员工在现场定位几个小时后，仍无法找出问题所在，引起客户投诉。客户表示之前从未出过类似问题，应该是割接了华为的设备之后造成的。而华为相同的设备在其他地方却从未发生过此类情况。为了尽快发现并解决问题，当天晚上11点，林良被指定连夜赶往事故现场。

第二天一大早，太阳刚升起，林良就已经到了内蒙古，客户对华为的反应速度之快感到十分惊讶。经过一番检查后，林良进一步确认了问题出现的源头不在华为的设备。但林良想，作为客户的合作伙伴，不能因此丢下客户不管，于是想尽办法帮助客户找出事故原因。

经过多种途径的排查，林良得知问题发生时客户进行了网络质量监控，他知道当网络质量不好时，就会主动切换到备用网络。林良推断这就是事故产生的原因，他对网络情况进行了彻查，证实了自己的推测。问题定位成功后，客户向代表处表示了抱歉，对华为的迅速响应也赞不绝口。

像以上案例中的情况，华为员工遇到过多次，华为不仅没有对客户的误解感到生气，反而想要帮助客户减少损失。有些企业在遇到同类问题时，不但不继续帮助客户解决问题，反而因为是竞争对手的产品出现了问题而落井下石。对于客户来说，这无异于火上浇油。

当客户反映出的问题责任不在企业时，有些客户也会想到让企业来帮忙解决，尤其是当竞争对手对客户问题迟迟未做出反应时，企业伸出援手，更能体现出对客户关系的重视，从而可以巩固企业与客户之间的关系。

2015 年，委内瑞拉通信部长出国访问期间，手机漫游业务出现问题，向华为委内瑞拉代表处发出了请求支援。代表处接到客户请求后，立即组织技术工程师攻关，服务项目经理通过联系在出访国的技术专家提供信息，最终定位出是友商的某设备配置出现错误。在友商迟迟未做出反应的情况下，经过客户授权，华为开始启用临时解决方案，整个过程仅用了 31 分钟就完成了。

客户运维总监特意给代表处发去了感谢信，表示通过华为这次的大力支持，更加巩固了双方战略合作伙伴的关系。此前，华为曾在委内瑞拉市场遇到了很大困难，通过这次事件，也挽回了客户的信任。

每一次解决客户反映的问题都是一次重新获得信任或巩固双方关系的机会，每一次的付出也终将会有所回报。企业将客户的事情看作自己的事情，不管问题由谁引起，都全力应对，对客户来说，这就是双方友谊的表现。

第8章 打造利益共同体

华为从多年的经验中发现，在与客户合作时，应时刻重视客户利益，并且努力让自己与客户之间形成利益共同体关系。当双方有共同利益时，客户有需求时就会找到自己，企业也就拥有了稳定的客户群。所以，华为不管是为客户服务，还是与第三方合作，都讲究共赢。

1. 赚小钱，不赚大钱，让利给客户

对企业来说一时赚到钱并不困难，难的是持续赚到钱。如果企业从一开始就想着赚大钱，追求利益最大化，而不顾客户和第三方合作伙伴的利益，最后企业就会在竞争中陷入孤立无援的境地。

华为一直主张赚小钱，不赚大钱，只追求合理的利润，而不是利益最大化。让利给客户，保持长远的合作关系，让华为能够一直赚到钱，这是华为的生存秘诀。

1.1 与客户形成利益共同体

做一个寿命长且能赚到钱的企业，就要有持续的竞争力。这需要企业能够持续创新，也要有源源不断的客户前来购买产品。因此，维持稳定而庞大的客户资源对企业的长久经营来说就非常重要。客户资源是从一点一滴中积累起来的，掌握了稳定的客户资源，企业与客户之间相互保持忠诚，企业的产品就不愁销路了。

为了保持企业与客户之间的相互忠诚，最好的方式就是双方形成利益共同体。当双方形成共同利益时，谁也离不开谁，企业就不会失去客户的订单，客户也不会担心企业提供不好的产品和服务，因为任何一方利益受损，双方都会有所损失。

华为当初为了从已经被国内外公司瓜分得差不多的国内市场中抢占一部分市场，从 1997 年开始，与国内十多个省市的邮政、电信部门建立了合资公司。当时，分布在各省市的这些部门，与华为已经有合作关系，是华为的客户，通过成立合资公司，又成了华为的合作伙伴，双方形成了一个利益共同体。

在成立的合资公司中，华为还允许邮电系统的员工入股，可以在每年年底拿到分红。华为此举，在艰难的市场竞争中，扩展了生存的市场空间，巩

固了与客户的合作关系，又巩固了市场地位。因为双方有着共同利益，在客户市场上，可以有力地阻止竞争对手进入。

如果客户订单不在华为手上，或者客户催款不积极，华为的钱收不回来，邮电系统的员工也就没有分红，因为双方的利益紧紧捆绑在一起。

华为将客户利益捆绑在一起的策略，为其拓展生存空间发挥了重要的作用。如今，华为也在积极与合作伙伴成立合资公司，建立更深层次的关系，就是为了双方能够在共同的利益下获得成功。

形成利益共同体是为了建立稳定的客户资源，同时也是在帮助客户盈利。华为不管是在与客户，还是与合作伙伴的合作中，都强调不能将利益最大化，要让利给他们，赚小钱，让他们有钱赚，华为的发展才能持久。

1.2　深淘滩，低作堰，让客户共享成功

赚小钱，让利给客户，要在企业能够赚取一定利润的情况下执行。若企业始终在亏本的状态下让利给客户，很快自身就难以维持生计。现在的竞争中，成本节约发挥着越来越重要的作用，节约成本，企业才能有更多的利润，也才能在保证自身有小钱赚的基础上，让利给客户。

为此，任正非在几年前，提出了“深淘滩，低作堰”的经营理念，与客户、合作伙伴一起打造一条有竞争力的产业链，以应对新形势下的竞争。

全球金融危机爆发后，很多企业都面临着巨大的生存压力。华为为适应时代的变化，积极调整发展策略，确保公司能够在全球经济不景气的情况下继续向前发展。为此，在华为 2009 年运作与交付体系奋斗表彰大会上的讲话中，任正非就提出了“深淘滩，低作堰”的理念。

“深淘滩，低作堰”，是李冰父子在 2000 多年前修建都江堰时坚持的治水准则，在这一原则的坚持下，他们完成了一项杰作。任正非曾在讲话中表示，分布在世界各地、与都江堰同时代的杰作，大多已经不存在了，而都江堰至今仍然发挥着它巨大的作用，而“深淘滩，低作堰”就是都江堰长盛不衰的原因。任正非认为，华为公司若想维持长久发展，同样也应该遵从这一原则。

任正非提出的“深淘滩，低作堰”的经营理念，一是为了鼓励华为人要为客户创造价值，二是为了在华为发展状况良好的时期，防止员工对利润的贪念变得越来越强，最终损害了客户利益。对于华为来说，让利给客户是其一贯坚持的原则，也是维护客户关系的重要手段。

2009 年，任正非在华为运作与交付体系奋斗表彰大会上的讲话中，就对“深淘滩，低做堰”的商业模式作出了具体的解释，他指出：

“深淘滩，就是不断地挖掘内部潜力，降低运作成本，为客户提供更有价值的服务。客户决不肯为你的光鲜以及高额的福利多付出一分钱的。我们的任何渴望，除了用努力工作获得外，别指望天上掉馅饼。公司短期的不理智的福利政策，就是饮鸩止渴。低作堰，就是节制自己的贪欲，自己留存的利润低一些，多一些让利给客户，以及善待上游供应商。”

华为赚小钱，不赚大钱的做法，就是“低作堰”。企业让自己少赚一点，才能与客户共享利益，并且能够始终让自己保持饥饿状态，保持奋斗的欲望，这样企业才能持续保持活力，这也是任正非坚持“低作堰”的目的。所以，华为在快速的发展中加大对研发、管理等投入时，任正非一再提醒华为人要坚持“低作堰”这一条。

华为之所以不坚持追求利润最大化，就是为了防止透支未来，在自我膨胀中忽略客户的利益。最近这几年，不乏世界知名企业因为不顾客户利益而遭受重创的例子。任正非就是看到了这一点，才坚持将“深淘滩，低作堰”这一古人的智慧准则引入企业经营中。不是谁赚的钱最多，谁就能活得最久，但是能够活得最久的一定是最顽强的，如今有不少企业已经认识到这一点，华为对此也很清楚，任正非就说过：

“我们还是深淘滩，低作堰，就是我们不想赚很多的钱，但是我们也不能老是亏钱。低作堰嘛，我们有薄薄的利润，多余的水留给客户与供应商。这样我就能保持生存能力。你只要活到最后，你一定是最厉害的，因为你每次合作的时候都要跟强手竞争，留着活下来的都是蛟龙。”

企业需要利润，也需要可持续的生产力，让利给客户，就等同于维护客户关系，这就是生产力。让利给客户，让客户活下去，企业的产品也能继续销售下去，最后满意的不只有客户，还有企业。

2. 与第三方合作共赢，分享利益

企业在市场竞争中，由于企业涉猎的领域有限，随着市场效率的提高，企业在为客户服务时，无法凭一己之力完成任务，经常需要与第三方企业合作。这些企业大多是企业筛选出的一些优胜合作伙伴。企业与他们建立起合作伙伴关系后，会与他们共享成功的果实，实现共赢。

华为作为一家高科技企业，有些工作需要外包，必须选择一些合适的第三方企业来进行合作。对于这些第三方企业，华为有严格的选拔标准，以保证华为的服务质量。同时，为了第三方合作企业能够跟上华为发展的步伐，华为也经常举办学习活动，与第三方企业共同进步。

2.1　多与小企业交朋友，少树敌

商场如战场，有竞争，就必然有竞争对手。即使不是竞争对手，在与合作伙伴有利益纠纷时，双方也可能转变为敌对关系。为了给自己营造一个良好的发展环境，并且在竞争中获得帮助，企业在成功后，不应该忘了曾经的合作伙伴，要合理分配利益，让合作关系长久维持下去。

“黑寡妇”是生存在拉丁美洲的一种雌性蜘蛛，在完成与雄性蜘蛛的交配后，雌性蜘蛛会吃掉自己的配偶，为自己孵化幼蜘蛛补充营养。与他人合作后将他人吃掉的做法，让这种雌性蜘蛛获得了“黑寡妇”的称号。

华为从“黑寡妇”身上得到启示，不能在与他人合作后，就将这些曾经的合作伙伴吃掉或者抛弃。华为能够有所反省，也是因为曾经为了发展，没有注意到这一点，在与有些公司合作一年后，就将这些公司抛弃，从而为华为树立了很多敌人。因此，任正非对华为人说：“华为跟别人合作，不能再做

‘黑寡妇’，要开放、合作、实现共赢，多把困难留给自己，多把利益让给别人。”不能小肚鸡肠，也不要企图独霸世界，一定要找到一种能够实现与合作伙伴共赢的合作模式。

随着时代的发展，企业无法独立完成为客户服务这件大事，已经是不争的事实，华为也明白要跟上时代发展的步伐，就要多交朋友，少树敌，懂得通过让利来维持与合作伙伴们的友谊。

市场蛋糕有限，当有些企业不断发展壮大，抢占了更多市场份额的同时，就必然会有企业的市场份额减少。企业要想有健康的商业生态环境，就要让一些小企业也有一定的发展，要坚持开放，与这些企业做朋友，不能让这些小企业仇视自己，如果这些小企业联合起来，力量也是不可忽视的。任正非就对华为人说过：

“华为发展壮大，不可能只有喜欢我们的人，还有恨我们的人，因为我们可能导致很多个小公司没饭吃。我们要改变这个现状，要开放、合作、实现共赢，不要一将功成万骨枯。前 20 年我们把很多朋友变成了敌人，后 20 年我们要把敌人变成朋友。当我们在这个产业链上拉着一大群朋友时，我们就只有胜利一条路了。”

当然，企业选择合作伙伴时也要慎重，有些企业发展速度快，各方面已经较为完善，但合作伙伴不一定能同步发展。为了能够提高合作伙伴的能力，企业应该伸出援手。从另一角度来说，在合作关系中，合作伙伴的能力得到提升，企业在工作进展中也会轻松不少。

2007 年初，华为为了保证在摩洛哥代表处的一个项目顺利完成交付，逐步启动切换中方分包商的政策。但是本地分包商的交付能力还远远不够，李永（化名）与项目组对他们进行多次培训后，收效甚微。李永和项目经理经过实地勘察后发现，本地分包商的能力比代表处预期的还要低，而代表处制订的培训方案是针对有一定电信经验的人员设计的，所以对本地分包商并不适用。

了解情况后，李永与项目经理一起组织分包商针对某产品定制了SOP文档。这个文档中，详细规定了每一个安装实施动作，先干什么，后干什么，安装中应遵循哪些规范，都一一写下来。李永还在现场一遍遍和分包商沟通，指导他们改进。经过这样的培训后，分包商的能力迅速提升，很多工作都能独立完成。

能力提升后的分包商，为摩洛哥代表处的工作做出了不小的贡献。从2007年到2011年期间，摩洛哥代表处在自有人力减少30%的情况下，使光网络工程量增加了一倍，贡献了地区部一半的收入。这份功劳离不开分包商的努力，对华为来说，他们的成长对自己在当地的发展帮助很大。而分包商经过华为的培训和帮助，能力大大提高，对华为也很感激，表示华为不仅与他们合作，还真正将他们当作朋友看待，他们都愿意跟着华为干活。

在一段合作关系中，任何一方能力不足，都会拖整个项目的后腿。华为想办法提高分包商的能力，帮助他们成长，实际上也是为自己培养了一个好帮手，这对双方来说都是好事，都能得到自己想要的。

华为每年还与各大合作伙伴举行“比武”，以提高双方的能力。也许会有人提出疑问：华为费那么大的劲帮助合作伙伴们，会不会威胁到华为的地位？华为这么做，不仅不会威胁到自身的地位，反而有利于帮助自身成长。因为这些合作伙伴生产的优秀产品，华为不一定能生产，有了优秀伙伴的帮助，华为才能在服务的各方面表现优秀。

2.2 强强联合，实现共赢

企业的发展应该聚焦在主航道上，不能什么领域都涉足。聚焦才能在某些领域上达到领先水平。当企业为客户服务，做不出某些优秀产品时，就应该与能做出这些优秀产品的企业合作，将双方的优势结合起来为客户服务，共同为客户提供高质量的服务，这就是强强联合。华为积极寻找第三方合作伙伴，就是要像前文提及的一样，将合作伙伴优秀的产品拿来为自己所用。

华为轮值CEO郭平在2016年中国移动全球合作伙伴大会上发表的演讲中，再次重申了华为的三大生态理念，那就是“做大蛋糕”“管理合作”“利益分享”，他还向与会人员展示了华为在开放上的新进展。

他表示，在激烈的竞争中，合作又是必需的，而且合作必须面向客户，双方要发挥各自优势，创造价值。他还表示，华为会坚持管道战略，不与合作伙伴争利。在为客户服务时，能够让客户信任的模块就由华为自己来做，做不到优秀的模块，就交由优秀的合作伙伴提供。华为会在利益分享的理念下，团结一切可以团结的人。郭平在会上也表示，华为在过去20多年，通过与员工利益分享，激发了大批华为人艰苦奋斗，如今这一分享机制也在面向客户、战略供应商，以后的学术机构、研究机构、行业组织等，都是华为要团结的对象。

华为与客户、合作伙伴分享利益的理念适应了当今时代发展的潮流，使华为能够联合更多优秀的企业来做业务。强强联合，多交朋友都为了扩展外部资源，因为随着产业融合、消费需求的升级，未来企业的优势，不仅来自内部，还来自外部资源的利用。不仅是华为，很多企业都在积极寻找合作伙伴，唯有与第三方合作共赢，才能与更多企业建立友谊。

3. 展开跨界合作，打造客户喜爱的产品

企业间的合作已经不局限于行业内，跨界合作也已经被市场所接受，而且在找准客户需求的情况下，这种合作方式可以为企业的产品打开更广阔的市场。对跨界合作的双方来说，都可以拓展更宽的市场群渠道，将自己的优势发挥出来，让更多的客户认知并喜爱自身的产品。

3.1 寻求多领域合作，带给消费者更佳的产品体验

消费升级所带来的不仅是竞争方式上的改变，还有客户对产品更高的要求。客户对产品的质量、功能等都有着越来越高的要求，功能单一的产品已

经不能满足多数客户的需求。为此，很多企业都在行业外寻求跨界合作，以带给客户多功能的产品体验，实现产品的升级。

一家企业若只凭一己之力去开拓市场，因为产品特性单一，所针对的就只是特定的客户群。如果跨界合作，产品特性不再单一，客户群不会被狭窄地限定，在保留原有的市场的前提下，彼此之间也有了更多的渠道。

企业可以根据客户群体有针对性地寻找跨界合作伙伴，对于高端市场的客户群体，就可以找一些在高端消费上有经验且有吸引力的跨界企业；对于年轻的客户群体，则可以找一些专门做年轻时尚产品的企业合作。

2016年，在拉斯维加斯举办的国际消费类电子产品展上，华为与顶尖奢侈品品牌施华洛世奇合作推出了全球首款女性专属智能手表HUAWEI WATCH Jewel and Elegant。这款智能手表在设计上更加贴合女性手腕，采用了最高像素密度的显示屏，白色与蓝色的意大利鳄鱼纹小牛皮表带，以及10余款女性专属表盘图案。这次跨界合作，科技产品融入了女性消费品的时尚设计。

2016年，华为推出P9手机，这款手机的相机系统是由华为和德国百年光学厂商徕卡联合设计的。采用了“彩色＋黑白”双1200万摄像头技术，将徕卡的光学性能、图像技术等先进的拍照技术与华为在手机领域的先进技术结合起来，让智能手机也能够达到专业相机的照相效果。

华为的跨界合作，提升了客户对产品的体验，因此也获得了更多的客户群。以上还只是华为最近几年跨界合作的小部分案例，事实上，华为也不是第一家这么做的企业。在华为之前就有很多企业尝试过跨界合作，有些取得了不错的成绩，再加上华为的成功，也证明了跨界合作的方式在现有商业模式下生产出的产品能够得到更多客户的喜爱。

为什么跨界合作的产品能够受到更多客户的喜爱？其原因就在于客户可以在一个产品上获得两个品牌的产品的体验，这是特性单一的产品无法满足客户的。尤其是现在很多行业里，不同企业生产的产品同质化严重，如果不能体现出差异性，产品就难以对客户产生吸引力。跨界合作不仅可体现出产品的差异性，还能吸引双方的客户，扩大销售群体。

3.2 通过跨界营销，提升品牌形象

在提升品牌形象上，跨界营销也是近年来的潮流。跨界双方在有共同受众的基础上，一起展开一系列营销活动，使双方都能在营销活动中获益。企业在准备展开跨界营销之前，应该做好充足的准备，针对产品调查客户特点，然后选择合适的跨界企业合作，通过吸引眼球的宣传方式，让跨界营销能够吸引更多的客户。

华为手机在几年内迅速崛起，与其营销方式有莫大的关系，其中也有不少跨界营销都取得了不错的成绩。而在其他业务上，华为也积极开展跨界营销活动，与不少知名品牌合作，提升自身的品牌形象。

这两年，华为与全球各领域的顶级企业建立了跨界合作关系。比如，华为的车载产品在高端汽车领域获得了通用、奥迪、标致、雪铁龙、特斯拉等著名品牌一线车厂的认可，成为这些高端汽车联网设备中指定的4G模块供应商。

同时，华为表示会向更多旗舰产品、智能家居、云服务等领域的顶尖伙伴寻求合作，为客户带来最新、最时尚的产品，同时带给客户完美的产品体验。比如，在智能家居方面，华为就已经与海尔、美的、创维等60余家顶级企业建立了良好的合作关系。

跨界营销为企业的产品注入了不少新鲜元素，使原本毫无关系的几个产品相互融合。通常，两种高质量的产品跨界合作，就是一次强强联合。华为在与这些企业跨界合作的过程中，既让合作伙伴的产品有了新的特点，又成功地将自己的产品介绍给客户。

跨界营销有成功的案例，也有失败的案例，关键是要找准合作的企业。华为在跨界合作上的成功，也是因为他们懂得根据不同的产品特点，与适合的企业合作。与优秀的企业合作，有时也能从对方身上学到不少东西，为了双方能够更好地合作，企业可能会对产品进行一定的改进，也能从合作中发现客户新的需求，从而促进新产品的研发和创新。

有些跨界合作在提升品牌形象的同时，还能够赢得更多的关注，进入一个全新的消费群体中，尤其是强者合作，对企业的产品就是一次绝佳的营销机会。

2014 年 9 月，华为荣耀与在海外有着极高知名度的电动汽车特斯拉联手举行了一场跨越深圳、广州、杭州、厦门、南京、武汉、成都、重庆 8 个城市的极客之旅。这是特斯拉在中国举行的首次大规模的线下试驾活动。

在国内手机市场风起云涌的 2014 年，为了抢占更多的市场份额，华为这次搭乘特斯拉这股大风，大力宣传自己的品牌。活动举办前，华为荣耀的官方微博上，早就宣布了此消息，并且以吸引人眼球的标语来让更多消费者参与其中。对于特斯拉而言，其产品定位于家庭用户，但当时主要活跃在一线城市的科技圈，大众难得一见。华为荣耀的消费者更加大众化，特斯拉借助此次机会，让消费者试驾、体验，也能让更多消费者认识电动汽车。

最近几年，华为的跨界营销做得风生水起，再加上华为在其他宣传途径上的投入，使得华为品牌在几年间迅速被广大消费者所知晓，其中华为终端业务的成功就是最好的例子。在企业都变着法提升产品质量，加大宣传力度时，跨界合作已不是新鲜事，关键在于企业要选对合作伙伴。

4. 适时妥协：让他三尺又何妨

在企业的发展过程中，在有些事情上不能太过强硬。不管是对内还是对外，在有冲突的事情上，千万不可走极端，要通过良好的协商，做出一定的妥协。这个世界并不是非黑即白，还有一定的灰度存在。在企业经营中，妥协并不是软弱的表现，相反是勇敢面对问题的表现，双方各让一步，符合各自的利益就是妥协。

任正非从英国的“光荣革命”中学到了可以不流血也能革命成功，所以他经常对华为的干部强调，要学会妥协，要听得见他人的意见，不能硬碰硬。

不仅对内部的管理上如此，在面对外部客户时，企业也应经常做一些妥协，才能保障双方的利益。大多数的商业合作就是在妥协中达成的，如果双方各持己见，坚持不让步，合作就难以进行。

4.1 妥协有助于减少企业发展中的文化冲突

在经济全球化的时代，很多企业已经不满足于国内市场，开始积极开拓国际市场，国内市场趋于饱和，也使得有些企业不得不走出国门开拓新市场。在走出国门时，文化冲突是一个不可避免的问题，而且是大问题。企业如何减少文化冲突，让企业能够在当地建立客户群，就需要适时妥协。

华为在开拓国际市场时，由于文化冲突也吃过不少亏。但华为不断改善自身管理，与国际接轨，以及根据不同国家和地区的文化进行不同程度的妥协，才在海外市场取得成功。

2003 年，华为遭到国际电信巨头思科的起诉。当时华为的国际化进程已经进行了几年时间，取得了不错的成绩，开始成为行业内重要的竞争对手。在思科等西方企业看来，华为的崛起打破了原有的、由他们制定的商业规则。这场诉讼持续了近两年时间，最终法院宣判华为的产品没有侵权，但也规定华为停止使用有争议的路由器软件源代码、操作界面及在线帮助文件等。

在应对这场诉讼的过程中，华为开始走入全球视野，但让华为感到痛苦的是，在举证过程中，华为经历了严格的审查，之后在进入欧洲市场时，华为也同样经历了欧洲各国政府的审查。这让华为不得不开始思考如何处理发展中遇到的文化冲突问题。

华为在国际化进程中，为了适应当地市场的发展做出过不少妥协，每到一个地方都会尊重当地的风俗习惯。比如，在墨西哥的本地员工，可以按照当地的节假日来安排休息时间。这都是国际化进程中的妥协，妥协也让华为的企业文化更具包容性，让中方员工与本地员工能够相互尊重，在工作中相互配合，使华为这个集体紧紧团结在一起。

华为最初为了在恶劣的环境中生存下去，在抢占市场时就像狼一样有攻击性，因此华为的企业形象在很长一段时间内被西方媒体描述为不具有包容性。造成这种评价的原因有多种，但是华为最初的形象确实太过强硬，连华为董事长孙亚芳也曾反思，华为在过去一些年里“身段太刚硬了”。这严重阻碍了华为的国际化进程，因此华为不得不做出改变，之后才有了华为更为包容的企业文化。在包容的企业文化之下，华为在国际市场上拿下了越来越多的订单，而且招聘了很多本地员工。

曾经有一位国内政府部门的领导问任正非，华为在国际市场的发展中有什么经验可以跟其他企业分享的，任正非回答道：“就是遵从法律。”他表示，无论到哪个国家都一定要遵守该国的法律，还有联合国的法律。中国法制还不太健全，很多中国企业也没有形成严格的管理，所以当他们进入国际市场后，常常陷入苦难中。

2007年12月，任正非在香港与美国前国务卿奥尔布莱特进行的一次会谈中，第一次将“开放、妥协、灰度”三个词并列在一起。在任正非看来，这是华为公司逐渐发展强大的秘密武器。在2009年华为全球市场工作会议上，任正非又系统阐述了“开放、妥协、灰度”三者之间的关系。妥协可以说是华为这么多年来长期坚持的经营智慧。

适时妥协体现在华为发展的很多方面，防止了华为内部矛盾的爆发，又让华为在拓展市场上更具有柔性，懂得根据环境适时调整自己。

4.2　合理让步，让企业变得更强大

妥协在企业处理对外关系时可以发挥很大的作用。在与客户的商业谈判中，当双方陷入僵局时，就需要依靠妥协来缓和气氛，不能伤害彼此的关系。在商业竞争中，企业到处都会遇到对立、冲突，在与对手竞争时，如果双方都不能各退一步，营造一个良好的竞争环境，对谁都没好处，恶性竞争只会造成两败俱伤，只有妥协才能共赢。

安徽省桐城市西南一隅有一个著名的“六尺巷”，这是一条用鹅卵石铺就

的巷子。如今，在这条巷子的两端立着石牌坊，上面刻着“礼让”二字。这条著名的巷子是两家人礼让、妥协的结果。

根据史书记载，这条巷子的两边原先居住着张氏与吴氏两户人家。张氏住宅旁有一块空地，吴氏想用，两家产生矛盾。张氏家人写信给在朝做官的张文公，张文公在收到信后，回信道：“一纸书来只为墙，让他三尺又何妨。长城万里今犹在，不见当年秦始皇。”张家人于是让了三尺，吴氏得知后，被张文公的大度感动，所以也退让三尺，这就是“六尺巷”的由来。

“六尺巷”的故事被千古传颂，体现的就是相互妥协的结果。在商业竞争中未尝不是如此，双方各让一步就海阔天空了，互不相让终究不利于己。所以，华为才会在内部广泛传播妥协思想，让员工懂得妥协的意义。在与其他企业竞争时，如果能稍作让步，或许会让华为得到更广阔的发展空间。

当初，华为的产品要想进入国际市场，就要通过谈判，向有些企业支付许可费用，否则这些市场不会对华为开放。华为为了再次避免知识产权的纷争，只能妥协，向有些企业支付合理的费用，而华为进入市场后，也带来了巨大利益。对此，任正非就对华为人说过：

“在知识产权的问题上，尽管我们很努力，尽管我们做得很优秀，但是在人类历史的长河中，还是不够。所以在谈判过程中，我们要学会适当的妥协，这就是‘开放、妥协、灰度’。不要强势就不饶人，得意变猖狂是小人，我们要做肚量大的人。‘万里长城今犹在，不见当年秦始皇’‘一纸书来只为墙，让他三尺又何妨’，就是说其实我们在合理谈判下，可以对西方公司让步一点，因为我们还会更强大。你们可以去安徽桐城的六尺巷，好好体验一下古时候伟大人物的胸怀，有胸怀才能有天下。”

妥协是一种胸怀，也是一种生存的智慧。任正非从历史的经验中体悟到这一点，并且运用在企业经营上。事实也证明，华为的妥协文化并没有让华为失去自信，而是越来越强大。

5. 以开放的姿态构建优质产业链

正如前文中说到的，未来企业的优势已不只来自内部，还有外部资源的合理利用，如果不能以开放的姿态来与外部企业合作，未来企业竞争的优势就会大大减弱。企业在新形势下，应当坚持以开放的姿态，拥抱优秀的合作伙伴，打造优质的企业产业链。

任正非经常对华为人说，不要妄想独霸世界，否则华为就可能失去未来的一些机会，华为要建立多个合作伙伴的产业链，共同用优秀的产品为客户服务。所以，任正非才说：

“我认为还是要利用盟军的力量，我只要搭着你的船，能挣点钱就够了，我为什么要独霸这个世界呢？我们走向被集成，那我们就要建立多种伙伴群，用伙伴群把产品卖给客户群。”

对企业来说，合作伙伴越多越好，朋友越多，敌人就越少。这些朋友们因为共同的利益而联合起来，在一个产业链上共同努力，才能分享利益。

5.1　未来的竞争是产业链之间的竞争

未来的竞争不再是企业与企业之间的竞争，谁能建立起一条优质的产业链，将优秀的企业联合起来，就能分享更多的市场和利益，这是发展的趋势。任正非早在 2009 年就说过：

“将来的竞争就是一条产业链与一条产业链的竞争。从上游到下游的产业链的整体强健，就是华为生存之本。物竞天择，适者生存。”

像世界知名企业戴尔、诺基亚、苹果等都会为合作伙伴提供帮助，与他们共享信息，与合作伙伴建立共赢的模式。华为也非常注重产业链的建设，在全球范围内寻找合作伙伴共建优质的产业链。如果一个优秀的企业拒绝与外部优秀的企业合作，故步自封，认为凭自身的力量就能赢得竞争，这些外部优秀的企业就会与他人合作，到时候形成的竞争力就会与企业持平甚至超过企业，这对企业的发展十分不利。2015 年，任正非在华为固网产业趋势及进展汇报会上的讲话中指出：

"强化与产业优质资源战略合作，提高自身竞争力。如果产业链有厂家能达到我们要求的水平，也要买他的产品。我们要用开放的心态对待。如果我们不买，他们就把产品卖给别人，组合产业所有与我们不合作的资源，达到跟我们一样的竞争力量，这是不利的。所以，我们要开放，也要和欧美厂家合作，分享利益。"

企业要在产业链的竞争中提高质量、效率等，就必须与优质的资源达成合作。整个产业链中有一家合作伙伴的能力不够，都能影响到竞争力。在优胜劣汰的商业竞争中，如果企业不优秀，那么也无法找到优秀的合作伙伴。

选择优秀的合作伙伴的过程看似会耗费一定的时间和成本，但只要能提高产业链的效率和竞争力，这些时间和成本根本就不值得一提。同时，构建优秀的产业链时，产业链上的各家企业在合作中也有一个磨合的过程。华为经常举办与合作伙伴的交流会，就是为了大家的磨合度更好，在某些问题上达成共识，共同应对竞争。

2016 年 9 月，华为基建部召开了以"优质优价、合作共赢"为主题的供应商大会。大会共邀请了 100 多家在施工、监理、主要材料上与华为有合作的单位，有 370 人参加。在会上，华为与业绩优秀的供应商达成了战略合作协议，对于供应商中一些优秀项目团队和项目经理进行了年度表彰，颁发的奖章和发给自己员工的一样，以表示华为把优秀的供应商当成亲密的战友，希望能在未来继续与他们共同携手应对挑战。

华为首席后勤官和基建部领导出席了此次会议，并与供应商进行了交流，向供应商阐述了华为合作共赢的理念，得到供应商们的一致认同，供应商们纷纷表示愿意与华为合作。

华为与供应商能够就合作达成共识，并且华为在合作理念上得到供应商的认同，是因为华为在基建工程的速度、质量、成本控制等方面已经得到业界认可，供应商也都愿意与优秀的企业合作。华为与这些供应商经过了十几二十年的磨合，才有了今天共赢的局面。

5.2　携手供应商制定产业标准

很多产业链刚建立时，在产业标准上都有很多不规范之处，比如说供应商提供的货物偷工减料，不符合要求，这都会严重影响产业链建设的质量。为了让供应商都能够按照标准供货，有必要建立一套严格的产业标准，例如供料规范、质量标准等。

对于不能按照标准供货的供应商应及早淘汰，只有严格遵守标准的供应商才能成为企业长期的伙伴。华为对供应链加强管理，以及经常与客户合作对供应商进行检查，就说明了其对产业标准的重视。

在严格筛选供应商的同时，华为积极与供应商推动产业规范，让产业链上的各家企业都能从市场竞争中获利，促进多方的共同进步。

2015年，在深圳召开的首届华为开发者大会上，华为与近20家智慧家庭产业伙伴共同携手，发起了Open Life智慧家庭商业发展计划，推动行业规范，促进智慧家庭产业的繁荣发展。

如今，智慧家庭产业链逐渐渐走向成熟，智慧家庭产品越来越多地为消费者所喜爱，并且拥有巨大的市场空间。根据调查，在全球排名前100的电信运营商中，有超过一半的已经计划进军智慧家庭市场，这也为参与智慧家庭产业链的各方提供了巨大的发展机遇。

为了能够在未来几年更好地服务运营商，华为才发起了Open Life智慧家庭商业发展计划，将智慧家庭端到端产业链中的商业伙伴都纳入进来，制定统一的行业规范。

企业构建优秀产业链的根本目的是更好地服务客户。与供应商一起建立产业标准，就是为了让他们能够将注意力集中到质量上，不能为了短期的利益而损害整个产业链的利益，最终被产业链所抛弃。华为希望整个产业链中的供应商都能进步，也强调在优质优价的基础上让供应商分享利益。

6. “少栽刺多种花”，与友商亦竞亦合

商场上没有永远的朋友，也没有永远的敌人，只有永远的利益。前一刻是竞争对手，后一刻就有可能是合作伙伴。有些企业看不透这一点，总是与竞争对手死磕到底，到头来，自己也没得到什么好处。深谙市场规则的企业则懂得如何在保持竞争力的同时，又与竞争对手保持友好的关系，只要有共同利益，就有合作的基础。

6.1 与竞争对手建立合作关系

企业应该处理好与竞争对手之间的关系，在竞争对手中少树敌，多交朋友。从多年前开始，华为就在公开文件和内部文件中将竞争对手改称为“友商”，这表明华为对竞争对手的态度发生了变化。经验告诉华为，不能与友商只存在竞争关系，在适当的时候，建立一定的合作关系也未尝不可。这样可以避免商业环境遭到破坏，双方在良好的环境中都能得到发展。

任正非曾经说，处理与友商之间的关系，就要向前以色列总理拉宾学习，“以土地换和平”，要将所有的竞争对手称为友商，要与他们沟通合作。

任正非还曾在一次讲话中表示，2000 年全球 IT 泡沫破灭以后，整个行业的发展速度都降下来了，当时华为要生存，就要发展，因此就得从友商手里抢走部分市场份额。这就可能使华为在国际市场上树立不少敌人，成为众矢之的。所以，任正非提出，华为要向拉宾学习，以“土地换和平”，放弃一些市场和利益，与友商合作，共同创造良好的生存空间。在以“土地换和平”策略的指引下，经过几年的努力，华为才在国际市场得到竞争对手的认可。

华为宁可放弃一些利益，也要与友商合作，“以土地换和平”，避免了企业间的激烈冲突，也使华为在国际市场上生存下来了。

华为在市场竞争中坚持要化敌为友，加强与友商的合作，避免因为过度竞争而造成两败俱伤。不仅华为明白这一点，很多企业也清楚，恶性竞争对谁都没有好处。因此，在某些领域，这些企业在一边保持竞争，一边又能暂时抛下“恩怨”达成合作。

华为在国际化的进程中，一直采取妥协的策略，向一些西方企业支付专利许可费。为了能够在技术上取得突破，改变这一现状，华为每年都会将巨额资金投入研发中。如今，华为的专利数在行业内是最多的，也有了与友商合作的资本。

早在几年前，华为就与行业巨头爱立信签订了专利交叉许可协议。这份协议规定，双方都许可对方在全球范围内使用自身持有的标准专利技术。2016 年，华为又与爱立信续签了专利交叉许可协议，内容包括双方 GSM、UMTS、LTE 蜂窝标准等无线通信标准相关基本专利的许可。

在续签协议的当天，双方都表示，企业应该保护创新与知识产权，并且合理支付知识产权费用，这对技术共享与标准化、驱动产业进步都有重要作用。

为了构建一个良好的商业生态环境，很多企业都愿意牵手合作。有时企业面临困难，不少竞争对手还是会伸出援手。有些昔日的竞争对手，也可能通过强强联合来一起应对竞争的压力。

6.2　给竞争对手留有生存的余地

华为意识到要想与友商保持良好的关系，就不能将友商赶尽杀绝，也不能一家独大，而是要与友商一起进步，让友商在旁边时刻鞭策自己进步。当自己的实力超过友商时，也不能欺负友商。任正非对华为人说道：

“即使将来我们领先世界，也不能欺负别人，保障公司踏踏实实前进就行了。我们不是去积极进攻，而是和友商达成适当的平衡性解决问题。当然，我们也要制止恶意竞争对手。”

华为为了生存而与友商合作，成为行业领导者后也始终坚持这一点。因为华为人知道，一旦发生恶性竞争，不管企业有多么强大，都会十分危险。双方有矛盾时，也应尽量想出一个折中的解决方法，为彼此的再次合作留下余地。

在自己高歌猛进、友商节节败退时，华为人在公司的提醒下，也能保持清醒的头脑，不占领过多的市场份额，以免严重挤压了对手的生存空间。华为在欧洲市场上如火如荼地发展时，任正非就提醒华为人：

“我们在欧洲的份额也不能太高，我们也要给竞争对手留有生存的余地。所以有时别人说我们定价高，我们定价不得不高，我们如果定价低就把别人都整死了。把别人整死不是我们的目的，那么钱多了我们怎么办，我们就加强对未来的科学研究投入上，去年我们全世界科学家有 700 多个，要增加到 1400 多个。”

虽然竞争是残酷的，但做事还是要留有余地，如果一心置对手于死地，可能会遭受对手的强烈反击，适得其反。就像华为当年与思科的诉讼案一样，面对思科的咄咄逼人，华为的强烈反击让思科也感受到了极大的压力。给竞争对手留有生存的余地，可能会培养一个更为强劲的对手，但对企业来说又何尝不是让自己随时保持警惕和进取的方法。

7. “借船出海”，各取所需

很少有企业能做到面面俱到，有时在某一领域做到领先地位，却没有施展的平台。遇到这种情况，企业应该考虑与行业内平台建设完善的企业合作。“借船出海”，就是要让两家各自在某一领域有突出成就的企业，通过合作借用彼此的优势，各取所需。

7.1　与可以达到优势互补的企业合作

华为在合作中注重实现“和而不同”，双方所擅长的领域不同，却能够走到一起，和谐共生。华为与摩托罗拉、英特尔、朗讯等行业内具有先进技术的企业都建立了合作关系，以此来吸收来自全球的先进技术。此外，华为还在全球多个国家建立研发机构，以吸收不同地区的研发人才，为华为的创新提供更多的优秀人才。华为这么做就是为了“借船出海”，在合作中合理利用其他企业的先进技术，以及各地区的优秀人才，弥补华为的不足。

2003年，华为和美国3Com公司成立合资公司。华为以低端数通技术占有51%的股份，3Com公司通过出资占49%的股份。这家合资公司主要是为全球客户提供与数据通信领域相关的产品和服务。

华为与3Com公司的这次合作，使华为可以借助3Com公司分布在全球的近5万家网络营销渠道，将自己的数通产品销售出去，并为华为培养了一批人才。而对于当时处于危机中的3Com公司来说，与华为合作，可以使其在中国设立独资公司，研发、生产，并在中国市场销售产品，大大降低了成本。在这家合资公司成立的第二年，公司的数据通信产品销售额就增长了100%，加速了华为的国际化进程。

此外，面对2003年思科提起的诉讼，3Com公司也帮了华为不少忙。3Com公司的CEO曾专程去法庭上作证，证明华为并没有侵犯思科的知识产权，为华为能在这场诉讼中达成和解出一份力。

华为与3Com公司的合作虽然在后来遭遇了一些挫折，但当初的设想对双方都是有利的，也取得了一些成果，这家合资公司在华为的国际化过程中发挥了重要的作用。当然，“借船出海”的前提是合作的两家企业手中都有对方想要的资源或者平台，两家在任何方面都没有突出优势的企业合作，也难以达到上述案例中的效果。

华为能够与全球多家知名企业合作，达到优势互补，是因为华为一直在进步中。华为在技术上不断实现突破，产品和服务质量也在不断改善，手中掌握的资源可以为其他企业的发展提供帮助。所以说，要想与优秀的企业合作，首先得让自己变得优秀。

7.2 借助他人平台，快速提升实力

华为在进入国际市场时，很多技术都已经被其他企业申请，营销渠道没有对手完善，最好的方式就是“借船出海”，向那些先进入国际市场的企业交专利费，与营销渠道建设较完善的企业合作。这是使华为快速发展的路径，一方面为华为走向国际打开了大门，另一方面华为在合作中学到了在国际市场应该要遵守哪些规则，以及该培养什么样的人才。

海底光缆技术要求非常高，资金投入也相当大。比如说，华为曾经在地中海的一个海底光缆项目上，在一条总长度230千米的海底光缆上，就要花费超过4000万美元的成本。要想在这片市场干出一番成绩，没有过硬的技术，以及良好的平台是十分困难的。

技术上，因为华为是专门做通信的，所以对华为而言并没有什么难度。但在海底光缆设计、铺设和维护方面，华为的能力就有所欠缺了，因为华为在这些方面没有专业的设计能力，也没有丰富的维修经验，而这对海底光缆系统的部署来说很重要。此外，在海底光缆铺设时需要的施工船、海底机器人，以及封装设备，华为也是毫无头绪，这方面的人才也来不及培养。

为了进入海底光缆市场，华为开始在全球寻找能够解决以上问题的合作伙伴。这时华为注意到了总部位于英国的全球海事系统有限公司，这是一家具有150多年历史的海上工程公司，在海底光缆安装和维护方面一直处于领先地位，并且拥有丰富的经验。这家公司还与中国电信、新加坡电信，以及一家日本企业建立了合资公司，可以说正是华为想要寻找的合作伙伴。

双方建立合作关系后，双方于2008年成立了合资公司。华为借助全球海事系统有限公司的平台，跨越了海底光缆铺设中的技术门槛，华为也得以进入全球海底光缆市场。

华为今天的成功与其敢于同其他优秀的企业合作有着莫大的关系，在通信行业，华为的历史并不算长，作为后进者进入行业，受到诸多限制。华为能够突出重围，就在于每一次遇到困难时善于向其他企业学习，并且积极寻找合作伙伴。在多年与其他企业的合作，也使华为更加懂得与他人分享利益的重要性，所以华为一直坚持多交朋友，少树敌。

第9章 品牌宣传与推广

消费者的选择会受到品牌形象的影响，很多企业为了树立良好的品牌形象，在品牌宣传和推广上花力气。这么做，可以提升品牌在消费者中的知名度，带动产品的销售。品牌宣传和推广的招数有很多，可以通过会展营销、媒体、互联网等方式进行。

1. 品牌不是宣传出来的，是打造出来的

品牌是企业的一种无形资产，一个品牌价值的高低，可以代表一个企业产品在市场上受欢迎的程度，以及客户对这些品牌的信赖程度。一个品牌的知名度越高、价值越高，就代表客户对企业品牌的认可度和评价越高。同时，品牌也是企业文化的表现，企业文化的对外宣传很大程度是通过品牌传播的。

现在，客户对产品的要求，不再是只满足基本需求即可，而是更看重品牌。很多客户偏爱自己喜欢和信赖的品牌，一个品牌要在客户心中树立起良好的形象也需要企业花费一番功夫，这不是仅靠一些广告宣传就可以做到的，还要看企业能否实现对客户的承诺，以及产品质量的好坏。

1.1 打造值得客户信赖的品牌

宣传和推广可以增加品牌的影响力，但是要想在客户心中树立起良好的品牌形象，更重要的是要让消费者觉得可以信赖。这种信赖感的建立，需要企业能够对客户负责，与客户同舟共济，成为客户愿意长期合作的伙伴。

2011 年，日本“3·11”大地震后，余震仍然不断，福岛核电站核泄漏不断恶化。华为在较为危险的地方正在为客户做着一项重要测试，不少企业在这一地区的实验都暂时中止了。可华为的测试工作到了关键时期，如果这时中止，对客户利益将产生极大的不利影响，不仅会失去客户的信任，甚至会降低华为在整个日本通信业界的信誉。

为了不辜负客户的信任，华为项目组经过认真考虑后，决定与客户同舟共济，只要客户的决定不变，华为就会按照原计划继续测试，并按期完成。最终，华为项目组如期完成测试，并满足了客户的所有要求。华为始终不抛弃客户的表现，给客户留下了深刻的印象，客户评价道：“遇到危难，能够同舟共济的伙伴越来越少，华为是真正地为合作伙伴着想，华为人用行动赢得了我们的感动和信赖，下次选择合作伙伴，必然只选华为。”

企业的品牌形象就是靠着一个又一个好口碑树立起来的，客户的信赖是树立品牌形象的重要过程。所以，品牌的树立需要企业有真才实干，并且能够始终为客户利益着想。

品牌形象的树立是日积月累的结果，企业在发展中对产品研发和生产不断积累经验，通过市场销售不断积累人气，得到众多客户的信赖，才能将品牌形象慢慢树立起来。

不少企业看到有些品牌通过电视广告、互联网推广等方式迅速崛起，仿佛也看到了希望，采取同样的方式，大肆宣传，可结果却不尽如人意。这主要是因为这些企业没有看到那些成功的品牌背后都经过了多年的积累，有了资本和底气，才能通过宣传迅速提高产品的销量，而且通过人人相传的口碑，这些品牌才会越卖越好。

华为手机近几年在国内外市场上取得了优异的成绩。华为进入手机行业并不算早，在竞争激烈的市场上，很多传统手机厂商都在困境中纷纷转型。华为手机能够迅速崛起，并在国内外收获一大批忠实的消费者，与华为在手机相关领域的多年积累有着很大的关系。

首先，华为是做通信设备发家的，在通信领域积累了近 30 年的经验，其中很多技术可以应用在手机上。此外，华为在手机研发上也有 10 多年的经验。华为在世界各地的研究所都能为手机研发提供技术支持，可以说华为手机中的芯片技术、美学设计、工艺等都经过了漫长的积累和改进过程。为了研发一块芯片，华为经过了十多年的努力；为了设计出让消费者感到舒适的手机尺寸，华为一次次找消费者体验。

任何成功都不是偶然的，一个成功的品牌背后可能是一个企业几年甚至是几十年的坚持付出。所以，任正非才对华为说，品牌不是宣传出来的，而是打造出来的。企业在看到他人成功的同时，更应关注的是他人在背后做了什么，再学习他人的宣传策略。有了好的产品，再进行合适的宣传，才能提升品牌的形象。

1.2 品牌宣传要以客户为中心

产品要重视质量和客户体验，说到底还是要做到以客户为中心。在品牌宣传上，同样如此。不管是宣传的策略、切入点，还是宣传标语，都要切中客户痛点，让他们看到企业的宣传时，就能感受这款产品正是他们想要的。

任正非说品牌是打造出来的，还有很重要的一点就是要维护好客户关系。客户关系维护不好，到处树敌，即使宣传再好，也难以让一些客户回心转意。早在2007年，任正非就在独联体片区的讲话纪要中对华为人说过：

“认为品牌是宣传出来的是错误的观点。你们做事情要抓住灵魂。你们抓的有些是枝节，并不是主要矛盾，更不是矛盾的主要方面。客户关系是要建立起你在这个地方的竞争力，起到了地区性的引导作用，你才能在这个地区站起来。品牌现在就没有竖起来，零零散散的到处都是事情，到处都是机会，没有形成一个规模。你们管理团队要通过自我批判好好地认识这些问题，而不是一些不痛不痒的皮毛的东西。”

客户关系是树立品牌过程中的主要矛盾，有些员工在这方面没做好，只在细节上下功夫也是不行的。处理好客户关系，了解客户需求，并且能够迅速根据客户需求生产出合适的产品，才能让产品在市场上的销售形成规模，并带动更多客户前来购买。

任正非在一次展销会上，看到爱立信的展台咨询人员在客户到来之前就已经研究过客户需求了，客户一来就只讲客户痛点，让很多客户愿意在他们的展台多停留。任正非认为华为也应该做到这样，在宣传上要坚持以客户为中心的主线。因此，他说道：

“围绕品牌战略与宣传务虚。我考虑的是怎么紧紧围绕以客户的需求（远期的、近期的）为中心形成我们的宣传主线。怎么把我们对这种需求的解决方案，做成的体验，在全球可以体验。”

任正非还表示，针对不同的客户要以不同的方式进行宣传，但是以客户为中心这条主线始终不能丢。接着，他又说道：

“我认为我们的战略宣传要坚决地以客户为中心。现在我们的宣传有一点文不对题，为什么呢？我们太科普化，太重视对政府、对领导的宣传，结果是客户 CTO 看不懂，政治家也看不懂。我们的宣传一定要让客户 CTO 看得懂，对政治家我们给他讲故事，让他能听得懂。”

产品宣传要讲究策略，华为所说的以客户为中心的宣传主线，就是要让产品的宣传贴合客户的心意。一个产品投入了很多宣传，内容却并不能让客户感觉到这是自己想要的，就是一次失败的宣传。

在以客户为中心这条主线上，还有很重要的一点，就是要全力满足客户的需求，尤其在业务拓展阶段，能够让客户感到满意，就能慢慢积累口碑，为后续带来更多订单。

华为手机在经过一段时间的贴牌生产后，在 2010 年开始发力。在这一年，华为拿下了全球顶级运营商 A 的定制产品 FJ 手机项目，这是华为手机首次与 A 客户合作，对华为手机以后的发展有着至关重要的影响。

2011 年，项目进入交付期后，华为团队每天在现场坚守十七八个小时，小心翼翼地盯住每一个环节。FJ 手机的外观很符合西方人的审美，被华为团队称为“辣妹”。正是因为外形的独特性，给华为团队带来不小的挑战。原因是这款手机的外壳在生产环节容易划伤，而且在研发环节不易被发现，一旦上了生产线，问题就十分明显。在试制的第一天，华为团队就发现有 1% 的产品可以用肉眼看到划痕，这意味着在发货高峰期，每天有超过 300 台手机不达标，会导致亏损严重。

华为团队无法忽视这种缺陷，于是决定进行一次全方位的细致排查。第一次排查后，只有 30% 的改善率，这是令人沮丧的。后来，经过多番寻找，华为团队找到了一种适合保护这款手机外壳的材质，使不良率最低降到了 0.1%。但客户的要求是一批次的 2000 台手机里，不允许有一台出现功能问题，否则整批次退货。

为了达到客户要求，华为团队对自己提出了零缺陷的目标。又经过三个月的努力，FJ 手机以接近零缺陷获得准入许可函，得到客户一致认可，并追加了后续订单。

企业不管是做产品，还是宣传，都应该像华为一样坚持以客户为中心这条主线。要知道，在为客户服务的过程中，就是一次宣传企业品牌的机会，做得好才会给客户留下好印象，积累的客户越来越多，另一些客户就会闻讯而来。

这两年，三星等手机的质量问题，都使他们的品牌形象受到一定的损害，究其原因就是没有做到以客户为中心。从失败的教训和成功的经验中，企业应该学会踏踏实实做产品，找准客户痛点并进行宣传。

品牌是一个企业的无形财富，从某种程度上来说，品牌的知名度决定了企业客户的多少，因此一家企业在创业之初就应重视品牌的创建和宣传工作。当品牌知名度提升之后，要将品牌维护工作做好，同时注重品牌的与时俱进。这样企业才能比同行更具有竞争优势。

2. 借势终端，提升品牌影响力

华为终端发展势头正劲，对华为来说是一个提升品牌影响力和企业形象的好机会。在华为终端业务独立出来之前，很多人对华为这家企业并不熟悉。终端业务快速发展后，很多人知道华为手机而不知道华为还有其他业务。事实上，在华为手机进入市场之前，华为在通信行业已经耕耘了几十年，通信设备才是华为的主业务。现在，也有不少人通过华为终端业务开始了解华为是一家什么样的企业。

尽管华为的通信业务进入欧洲很多年了，但华为表示手机在进入欧洲市场时，还是花了很大力气让消费者认识“华为是谁”。因为华为之前的业务并不是面向广大消费者，而是面向特定的客户。但如今，华为也借助终端这个容易吸引不同年龄段客户，以及容易赢得话题的平台，让华为的企业形象得到了推广。

2.1 华为终端业务迅速增长，对提升品牌形象作用大

华为终端业务是华为三大核心业务之一，自从 2011 年被独立划分出来，业务增长迅速，尤其是在 2014 年以后，发展势不可挡。2015 年，华为手机销量已经跻身全球前三，在 2016 年仍然保持这个排名。进入 2017 年，华为消费者业务的发展十分可观。

2017 年 7 月，华为消费者业务对外公布了 2017 年上半年业绩报告。根据报告发布的数据来看，华为消费者业务在 2017 年上半年的销售收入达到了 1054 亿元人民币，同比增长 36.2%。其中，智能手机发货量同比增长 20.6%。

2017 年上半年，得益于华为旗舰产品在全球各地区域的热销，华为在全球高端市场上的影响力也不断提升。比如，华为的高端智能机在德国、芬兰、挪威、瑞典、日本等 20 多个海外重点市场的发货量同比增长超过了 100%。华为荣耀双旗舰产品在技术和美学上的改进，在市场上受到好评，华为荣耀 9 发布 28 天后在全球的销量就已经超过 100 万台。

华为终端产品除了智能手机业务以外，平板电脑、笔记本等业务也出现增长。平板业务的发货量同比增长近 60%，上半年发布的多款笔记本因为贴合客户需求，在设计上也有很大的突破，因此受到了很多好评。

华为发布的这些数据背后，是华为终端业务快速发展的证明，而且这种发展是在全球范围内的，对全球各地区的消费者认识华为的产品，以及华为这个企业有极大的帮助。

华为终端业务的迅速发展让华为品牌为更多的消费者所熟知，也带动了华为品牌影响力的节节攀升。在最近几年，根据多家国际知名咨询公司发布的品牌价值排行榜来看，华为的品牌价值在逐年提高。

2014年，华为手机迅速崛起，就在这一年，在全球品牌咨询公司Interbrand发布的“全球最具价值品牌百强”名单中，华为品牌首次入选，排名第94位。此后几年，随着华为手机销量的节节攀升，在同一家咨询公司的排名中，华为的名次也是连年稳步上升。2015年，排名第88位；2016年，排名第72位；在2017年，已经到了第70位。

2017年5月，在福布斯2017全球品牌价值榜单上，华为以73亿美元的品牌价值，排名第88位，与2016年相比增长了9%，也是唯一入选的中国企业。

同一个企业的不同产品也会遇到这样的问题，有些产品卖得火热，有些却无人问津，这就需要让那些卖得好的产品带动其他产品的销售，提高品牌的整体影响力。华为不同板块的业务有不同的特点，所以宣传策略也会有所不同。华为终端业务使华为的整体品牌影响力不断攀升，也有利于其他业务的发展。

对于其他产品来说，也是如此。如果某些业务或产品能够提升品牌形象，就应该抓住这个机会，将其他产品推出，让更多的产品和业务为客户所知晓。

2.2 拓展新的业务增长点，进一步提升品牌影响力

既然华为终端发展态势良好，华为也自然不会放过这个机会，进一步推进发展。因此，华为在消费者终端业务方面已经在积极布局未来生态和未来智慧产品，为华为未来的发展做准备，这对华为未来是否能继续保持优势，并且将品牌影响力提升到世界前列有着重要的意义。

经过几年的努力，华为消费者业务在消费者云服务、智能家居、运动健康等方面的生态体系已经基本成型，成为华为消费者业务新的增长点。

华为消费者云服务在2017年用户数量已经超过2.8亿人，在2016年合作伙伴从中获得利益就达到28亿元人民币。这项服务如今已经深入全球200多个国家和地区，这表示华为消费者云服务通过了这些国家和地区严格的安全审查。在智能家居领域，目前已有超过100家智能家居品牌加入华为HiLink生态。

继承了华为关注长期利益的优点，华为消费者终端业务的发展不仅是看到眼前利益，还对未来积极布局，让华为有新的增长点，使华为品牌在未来继续为广大消费者所知，并为他们服务。

华为品牌形象的提升，又会反过来促进消费者终端业务的发展，当然，其他业务也会被更多的人所熟知。华为借势终端，提升品牌影响力的策略确实发挥了一定的作用，至少从前大多数人不知道华为是一家什么样的公司，现在很多人都知道了华为的终端业务产品。往后，随着华为品牌的进一步提升，华为的其他业务也将被越来越多的人了解。

3. 运用媒体、公关活动，吸引不同类型的群体

德国品牌研究者沃兰特 · 兰道曾说："工厂制造产品，而头脑创建品牌。"如果企业想要打造一个成功的品牌，吸引不同的客户群体，那么就要想尽办法运用一切可以利用的工具进行宣传。运用媒体进行宣传是较为传统的方式，但随着传播媒介的变化，媒体宣传也可以以多种方式进行，不管是传统的纸媒、电视广告，还是微信、微博这些新兴媒体，都应该拿来为企业的宣传所用。

对于不同类型的客户群体，关注的媒体也会有所不同，企业可以对不同的媒体进行调查，然后有针对性地选择媒体，这样客户定位更准确。公关活动也是惯用的宣传手段，企业应该用活动吸引客户眼球，最好是能根据客户喜好制定策略和安排活动。

3.1　处理好公共关系，更好地利用媒体进行宣传

企业要利用媒体进行宣传，就得先处理好与媒体的关系，如果与媒体关系恶劣，到时宣传的就不是企业的优点，而是缺点。企业应在法律的界限内与媒体和平相处。有些企业在高速发展的阶段，由于外界的误解，以及很少与媒体打交道，经常可以看到有关企业歪曲的报道，这对企业的形象会产生

相当不好的影响。因此，企业努力通过实力证明自己外，还要学会与公众、媒体交流，并且学会利用媒体树立企业形象。

华为在相当长的一段时间里，受到外界的误解，这为华为处理公共关系带来很大的困扰。对此，任正非2015年在达沃斯论坛上就讲过，因为华为当初发展太快了，所以进入国际市场时，就有人认为华为在国内有背景，这也让华为遭到了严格安全审查。而在国内，由于华为在内部实行员工持股，又受到不少人的质疑。

在向西方先进企业学习的过程中，华为也学到了西方公司处理公共关系的方式。华为在海外市场积极接受审查，用事实说明了华为是靠自己的实力得到发展的。在公共关系上，现在有不少国家的政府高层公开赞赏华为。很多国家的领导人都与华为公司的高层进行过交谈，华为每年也要接待不少国家政府要员的访问。随着华为公共关系的改善，华为与不少国家签订了多项合作协议。

同时，华为也通过证明自己的实力以及改善公共关系，慢慢地扭转了国内外主流媒体的看法。不管是国内媒体，还是海外主流媒体，对华为的态度都在发生变化。一些知名媒体如《华尔街日报》《经济学人》，以及英国BBC电视台等，都经常参加华为举办的各项活动，对华为积极评价，有些还撰写专题文章介绍华为。2014年，英国BBC电视台还拍摄了一部长达20多分钟的以华为为专题的纪录片。海内外主流媒体的认可，让华为通过媒体大大提升了企业形象。

华为公共关系的改善，让其得到了很多通过媒体宣传和发言的机会。这种变化离不开华为的巨大成功，不得不让国内外媒体刮目相看。另外也得益于华为与媒体、各国关系的改善，准确来说，应该是华为更加懂得如何处理这些关系了。

最初，华为被媒体误解，很大程度上也是因为媒体不理解华为。而华为在处理与媒体的关系上也有问题，随着华为的发展，华为逐渐意识到媒体宣传的重要性，也发现了公司与媒体关系的问题，因而开始着手解决。

2010 年 11 月，华为的高层领导任正非、孙亚芳与华为的公共关系、品牌、媒体关系、终端、党委相关人员就改善与媒体的关系召开了一次内部座谈会。在会上，任正非反思道：

“别人对公司的误解，有很重要的原因是我们不主动与别人沟通，甚至连被动的沟通我们都害怕，还把这当成了低调。在舆论面前，公司长期的做法就是一只把头埋在沙子里的鸵鸟，我可以做鸵鸟，但公司不能，公司要攻击前进。”

“要改善和媒体的关系，要善待媒体。在与媒体关系上，也要低作堰，而不是高筑坝。媒体辛辛苦苦来了，好赖信息都得给他两个，让他能写篇文章；要采访任何一个员工都可以，员工想说啥就说啥，批评华为公司更好，不一定要说华为公司的好话，事实自会有鉴别的。”

作为一个快速发展中的企业，需要被外界正确认知，并且一定要与媒体改善关系，这是利用媒体进行品牌和企业形象宣传的前提。这次座谈会召开后，华为与媒体的关系逐渐改善，现在在传统媒体和新兴媒体上到处可见华为的宣传，华为品牌广为大众所熟知。

改变观念后，极少在公众面前露面的任正非以及其他一些华为高层领导也开始接受国内外媒体的采访。

2016 年 6 月 1 日，作为华为的创始人兼总裁，任正非意外现身新闻联播，并且在新闻联播中接受了采访，发表了一篇简短的讲话。任正非表示：“中国现在又冒出来很多企业，其实也跟华为一样，也是专心致志做一件事的。一个人一辈子能做成一件事已经很不简单了，为什么？中国 13 亿人民，我们这几个把豆腐磨好，磨成好豆腐，你那几个企业好好去发豆芽，把豆芽做好，我们 13 亿人每个人做好一件事，拼起来我们就是伟大祖国。”虽然采访不到一分钟，但却让外界感受了华为这些年来的专注。

能够在主流媒体上接受采访，也足以见得华为如今的影响力。对像华为这样有影响力的企业来说，高层领导每次接受访问，通过媒体的传播都会产生一定的影响，也是一次让大众多了解企业的机会。

3.2 针对特定的消费群体，利用媒体进行宣传

在与媒体保持良好的关系后，企业可以根据不同的消费群，利用不同的平台进行一些营销活动。比如说，针对年轻一代的产品，可以利用各种网络平台做活动，将双方的优势结合起来，根据年轻人的喜好做一些宣传。虽然每次举办活动，到现场参与的人数有限，但是通过媒体的宣传，以及网络的传播，很快就会有很多人关注。

华为麦芒5手机在2016年携手电信天翼举行了分享日活动。在天翼分享日活动中，因为有华为麦芒5手机大力支持，该活动在中国电信官方微博等集团大号，以及各大传统媒体、新媒体官方微博等得到宣传，还有很多拥有众多粉丝的个人微博转发和关注，一时间成为微博、微信朋友圈讨论的焦点。

华为麦芒5手机的巨大市场号召力，使天翼举办的这次活动共吸引了数十万名网友报名参加。这次活动也是在暑假期间开展的，因为华为麦芒5针对的就是年轻的消费群体，华为对他们的痛点需求十分了解。

华为麦芒5手机还联合电信终端一起开展了“麦芒主题曲”征集活动，邀请有激情的年轻人一起谱写有关青春的旋律。获得主题曲征集大奖的作品还有奖励，那就是在12月天翼校园歌手大赛中现场演唱歌曲，这对想展现自己的年轻人来说是很有吸引力的。

华为的这次宣传就抓住了年轻人的消费需求和特点，在时间安排上也得当，在众多年轻人的参与下，迅速提高了新产品在年轻群体中的知名度。

企业在媒体上进行宣传时，也要根据宣传的产品和内容找到合适的媒体。如以上针对年轻消费群体的宣传，在微信、微博等年轻人经常使用的新兴媒体上进行；如果是针对高端消费人群，就有可能要与一些时尚媒体合作。重要的是，能够让特定的消费群体看到媒体的宣传。

2014年，华为找到中国科学院院士李小文做“代言人”。当年6月5日，华为在《人民日报》《环球时报》《光明日报》《参考消息》《中国青年报》等国家级报纸上刊登了李小文院士的广告。刊登在报纸上的照片中，李小文院士着一身黑衣、一双布鞋，蓄着胡子，坐在讲台上，旁边的广告语写道：“华为坚持什么精神？努力向李小文学习。在大机会时代，千万不要机会主义。开放，开放，再开放。”

被网友称为“扫地僧院士”的李小文，是遥感领域的泰斗级专家，华为通过广告传递的就是要对工作有锲而不舍的精神，这是华为企业文化的一次宣传。

在主流报刊上宣传企业的文化，再合适不过了，这体现出了华为的自信。华为也希望通过这种方式，让外界了解自己的企业文化，并且吸引更多愿意与华为一起奋斗的人才。

4. 举办和参与会展营销，推广华为品牌

参加或举办会展是向客户介绍企业产品常用的营销手段，这种营销手段还可让客户现场体验产品。在会展上，客户可以看到同一行业各式各样的产品，通过体验更容易选择到自己喜欢的产品。企业在展会开始前，就应该做好充分的准备，对有意参观的消费群体有哪些需求做一个细致的调查，在展会上针对客户需求进行讲解，这样更容易吸引消费者的目光，推广企业品牌。

4.1 积极参与行业内的营销展会

参加行业内的展会除了能向客户推介产品，让客户体验新产品，还是与同行交流，并且了解行业发展趋势的重要途径。华为一直积极参与国内外的展会，尤其是华为成为行业领头羊后，在这些展会上吸引的人也越来越多。在展会上，企业应该将自己的新产品拿出来展示，并且邀请客户体验，甚至通过一些奖励吸引更多人来到展台参观，了解企业的产品。

2017年7月，天翼智能生态博览会在广州市广交会展馆举办。华为与中国电信合作多年，成为此次展会上重要的参展商。华为移动终端、智能家居等都参加了此次展会，吸引了大量同行以及参观者前来体验，展览首日华为展区就接待了上万人次参观，成为展会上最抢眼的参展商。

华为展区共分为终端产品、智能家居、行业解决方案和互动装置四个部分，这样的设计更便于参观者体验产品，并参与互动。在排着长长的参观队伍中，甚至有从北京、上海等地赶来的忠实用户，可见华为品牌得到了很多用户的喜爱。

品牌的号召力是巨大的，但是不能因为品牌已经建立起来就放弃了一些推广机会。华为品牌在国内拥有很高的知名度，但在激烈的竞争下，国内有很多企业在努力追赶，华为的品牌推广也要继续发力才能不被广大消费者慢慢遗忘。不仅是华为，苹果、三星等在全球拥有很高知名度的品牌也是每年都在卖力推广自己的品牌，因为市场竞争容不得半点松懈。

在全球经济一体化的时代，很多产品的市场都不局限在国内，而应该放眼全球。因此，积极参与国际性的展览，与同行分享经验，了解行业发展新趋势对企业的发展也是有利的。华为对重大的国际性展览一向很积极，因为这让华为可以与行业人士共同探索未来的发展，并且在未来的发展中发挥更重要的作用。此外，在展会上，一些先进的产品和技术也可以展示给同行以及潜在客户。

2017年，在西班牙巴塞罗那举行的世界移动大会上，华为连续两年成为该展会上的第一大参展商，拥有面积最大的展位。展会期间，华为参与了各种展览和论坛，华为轮值CEO还做了主题为“让视频成为运营商增长的新动力”的演讲。为了同行以及参观者能够了解更多华为的产品，华为在展会期间还举办了“华为开放日”活动。此外，为迎接即将到来的5G时代，华为在大会上发布了新一代5000系列基站产品，可为运营商客户打造领先的网络，让参会的客户看到了华为领先的技术创新。

在全球很多市场都对中国企业有些偏见，参加国际性展会是向参观者展示实力的时候，通过优秀产品的展示和良好的用户体验，在一定程度上可以改变参观者对华为产品的不良印象，通过媒体的传播，也有利于品牌形象在全球市场的推广。

华为在全球市场已经取得了不错的成绩，现在参加这些大会自然会吸引大量人群来参观。但在华为初期参展时，也没少受委屈。这也告诉其他企业要善于借助展会这个平台推广品牌，获取一些对发展有利的信息。

4.2 举办展会，吸引消费者前去体验

企业可以参加展会，也可以自己举办展会，邀请合作伙伴、客户等前来交流，参观和体验新产品，并向外界开放。在自己举办的展会上，自己的产品可以得到更多的关注。

2017年6月，在英国伦敦举办的华为欧洲创新日是华为在欧洲举办的第五届创新日活动，在此前的几年中，这一活动分别在欧洲的多个重要城市举办过。

这次创新日活动，吸引了来自英国各大高校、知名企业人士以及媒体人士参加。华为轮值CEO胡厚崑等人在活动上做了主题演讲。创新日活动当天，会场座无虚席，很多人在展台拿起产品进行体验。

西欧地区部总裁彭博说道，以前华为在欧洲组织创新日活动，参加者大部分是客户，但如今，参加者不仅有客户，还有研究团队、政府机构，这表明创新日活动已经成为华为与各界开展交流的重要平台。

举办大的展会，需要企业有一定的影响力，能够吸引人前来参加。不过，企业可以先邀请一些合作伙伴和客户前来参加，等到影响力慢慢提升，再吸引更多人前来，就像华为一样。

举办展会或者新产品发布会也可以选择一个好的时间，最好是利用客户集中在某一地方的这种有利时机进行。

在2017年世界移动大会正式开幕的前一天，华为在西班牙巴塞罗那发布了新的旗舰级智能手机华为P10和P10 Plus，吸引了大批来自全球各地的媒体和参观者。在发布会上，华为消费者BG CEO余承东从工艺、拍照等方面向媒体和参观者仔细介绍了这款新产品。在发布会上，华为还推出了新一代智能手表，余承东同样向媒体和参观者介绍了具体的功能。发布会结束后，照例举行产品体验环节，新产品展台四周像发布华为P9时一样围满了人。此次发布会，华为还以直播的方式，让更多消费者在第一时间了解到新产品，并且吸引了大批忠实用户在网络上观看。

展会的参加人数一般较多，可以通过多种方式在现场进行宣传，在展台上，消费者可以见到产品，对产品有一个比较全面的了解，因此是很吸引人的。不管企业规模如何，都不应该放过这样一个展示自己的机会，在现场的交流中，或许还能发现一些客户需求。此外，媒体也会报道，这对企业来说也是一个很好的推广方式。

5. 通过互联网向外界展现内部经营活动

互联网没有时空和地域限制，覆盖的人群更多，信息传播速度和范围也非传统媒体可以相比。现在人们获取信息也越来越依赖互联网，数亿互联网用户的大平台也成为企业向外进行文化和品牌宣传的重要阵地。

不少著名企业的经营活动就是通过互联网向外传播的，通过互联网让更多的客户了解企业的新产品。华为也是如此，一直以来，很多人对华为公司经营管理的了解都是通过任正非在华为内部的讲话，以及其他高层领导的讲话中得知的，而这些内部讲话大多又是通过互联网获取的，这才给了外界一个窗口去了解华为。

5.1 利用互联网的巨大影响力进行品牌宣传

互联网对当今消费者的影响巨大，不论是在中国，还是在其他国家，年轻人主要是通过手机、互联网获取新鲜事物的信息，并且在选择产品时，也深受互联网信息的影响。一些在互联网上有良好口碑的产品，更能为大众所熟知。在这个互联网时代中，企业应该学会合理利用互联网的影响力来宣传品牌。这几年，不少国产手机品牌异军突起，逐渐抢占一些国外手机品牌市场，就是充分利用了互联网的影响力。

华为内部设有刊物，方便员工发出自己的声音、分享经验，其中《华为人》是最为外界所熟知的。在《华为人》这本内刊中，刊登的是员工在工作中的感受，也有华为的一些内部讲话，以及对华为参加或举办的一些活动的信息。《华为人》不仅是华为人了解其公司信息的渠道，对外开放后，通过互联网公众也可以阅读其中的一些内容，为外界了解华为内部的情况提供了一个渠道。

2008年，华为在内部还建立了心声社区，成为华为内部员工交流、发表自己的想法以及分享自己经验的平台。后来，这个平台对外开放，虽然公众无法参与其中，但是也可以从中了解华为的一些信息。

在互联网时代，很多企业都会向外界提供窗口，以了解企业内部的经营状况。品牌的影响力在消费者中发挥着更加重要的作用，企业要想提高品牌影响力，那就必须让外界对其文化、经营状况有所了解，而互联网则为双方都提供了便利。

互联网已成为人们生活中不可缺少的一部分，是一种现代生活方式，网络也成为企业营销的重要渠道。大多数企业都设有自己的官方网站，在网站上，外界可以了解企业的发展历史、最新发展动向，以及与行业的互动等，这些都是企业内部经营活动的部分。很多人想了解一个企业时，都会进入其官方网站，或者在网络上搜寻与企业相关的信息，这已成为外界了解企业的主要方式。企业也都意识到了这一点，因此将网站建设作为一项形象工程来做，提供外界所需要的信息，并且吸引外界的目光。

苹果公司非常注重官方网站页面的设计，其设计视觉冲击力较强，突出了其作为一家高科技企业的形象。苹果公司的网站还设立了中英文的界面，以供不同的消费者浏览。在企业介绍界面，苹果公司也将其发展历程以及动态新闻列入其中，便于消费者对苹果公司有更详细的了解。此外，苹果公司还在网站上将所有产品的详尽信息列出来，让消费者通过网站就能对其产品一目了然。

华为也有自己的官方网站，并且在网络上设有官方商城，以便消费者能够对华为公司的产品、近期举办的活动、技术等有一定的了解，这都是外界通过互联网了解华为的渠道。

5.2 利用互联网吸引忠实客户

让消费者了解一个企业的品牌，就应该让他们参与产品的分享，不管是提出意见，还是进行技术交流。华为为喜爱华为产品的消费者建立了社区，积极与用户和开发者进行交流，为开发者提供开放的平台，进行自己的开发，并分享利益。

华为的社区分为华为花粉俱乐部和开发者社区。花粉俱乐部，就是喜爱华为产品的消费者聚集的地方，口号就是“因为热爱”，有几千万的注册用户。在该社区华为的开放业务生态中，负责用户需求手机、产品用户测试等用户交流。

华为开发者社区则是聚合开发者的社区，是为开发者开放终端能力和ICT能力的两大类技术指导和讨论的社区。在这个社区中，华为开发者联盟是面向终端的，可为开发者开放华为手机、手表、平板等产品硬件的接入。注册的开发者可以根据华为开放的终端能力和云服务，开发一些自己的应用，如游戏、壁纸、字体等，并且为开发者提供推广和分发服务。

互联网不仅是外界了解企业经营状况的渠道，也是企业与外界交流的渠道。通过交流可以促进双方的了解，企业可以了解消费者的需求，消费者则可以进一步了解企业的文化和产品。互联网的发展早已成为趋势，如果企业不能利用互联网发展自己的优势，宣传品牌，在这股洪流中，就将被时代抛弃。

6. 以质取胜，塑造“HUAWEI”品牌

一个企业品牌形象的树立，需要能够为企业长期创造利润，也就是能够不断吸引消费者。其中最重要的就是要把好质量关，这是企业维持长远发展的必备条件，也是企业成功树立品牌形象最为重要的因素之一。从当前的市场竞争形势来看，质量控制已成为现代企业获取有利竞争地位、建立长远发展、使企业走向成功的最重要因素之一。

6.1　以诚信和高质量产品树立品牌形象

一个品牌能够长期得到消费者的喜爱，最根本的原因在于产品能够满足他们的需求，而且在质量、性能等方面能给消费者带来一个好的体验。所以，企业如果想通过宣传和推广让产品获得更多消费者的喜爱，最重要的还是要提升产品的质量，用心做产品。

任正非经常对华为人说，一定要在产品的质量上把好关。严格控制产品质量，才会让消费者在一次购买后，继续支持企业的品牌。若是产品质量不过关，就会让消费者有被欺骗的感觉，这对销售十分不利，也无法吸引“回头客”。企业对消费者一定要讲诚信，就像任正非说的：

“品牌的核心是诚信，是我们为客户提供的质量、服务与竞争力的提升。”

一个没有诚信的品牌，又怎么值得消费者信任呢？企业任何时候都不要想着欺骗消费者，认认真真做好产品，带给他们好的体验才是对他们的诚信。对于企业来说，一个品牌树立起来，就代表着一种诚信，华为品牌树立起来的过程也是树立诚信的过程。华为消费者业务 CEO 余承东就曾表示：“华为的竞争力是一种长期持续的承诺。”

2014年8月，华为一辆运送荣耀3C手机的货车在从深圳开往东莞的路上，由于天气炎热，出现轮胎起火，车内装载的货柜箱内部分货物着火。华为立即派人前往仓库对货物做质量检测。经过检查，发现距离火源较近的几箱包装纸皮已经出现炭化现象，部分手机包装胶套收缩。这部分手机从外表看完好无损，而且能正常使用。质量检测表明，这批手机的不良率仅为1.4%，良品达到98.6%，也就是说大部分手机没有问题，再次进行可靠性测试后，仍然可以上市。

但是，由于这批手机经过高温烘烤和水淋，华为也无法保证消费者在使用几年后会不会出现隐患，尤其是当时着火的温度已经超过手机电池存储的极限。华为本着对消费者负责的态度，经过讨论后，一致认为有必要回收这批手机，绝不能让其流入市场。因此，在2015年5月，华为荣耀销毁了这批手机，数量高达1.3万台，此前也销毁过4000多台。

对于华为销毁质量有问题的手机一事，华为消费者业务CEO余承东在《焦点访谈》中曾谈及，一时间获得了众多消费者的称赞。能够一心一意为消费者着想，不让有半点瑕疵的产品流入市场，这本身就是对品牌形象的一次成功营销。

任正非曾用爱马仕比喻高质量的产品，地沟油比喻低劣的产品。在他看来，在消费者有多种选择的时候，只有做出像爱马仕那样的产品，才有竞争力。他在2015年9月24日EMT办公会议上的讲话中就指出：

“现在这个时代过剩了，产品多了，大家要选了，选的时候选啥？选质量。大趋势人们会趋向质量，而不是趋向数量。如果低价格就能把市场洗牌，为什么还会有爱马仕？爱马仕代表的就是高质量。”

打响品牌需要宣传，更需要有质量作为保证，这是企业对消费者的承诺，也是企业对自身品牌的维护。随着人们生活水平的提高，对产品的品质要求也更高，价格不再是消费者考虑的唯一因素。最能赢得口碑，并且长期保持优势的往往是那些能够持续改善产品质量、满足客户需求的企业。

华为早就意识到了这一点，花了多年时间建立了一套质量管理体系，并且收集市场反馈，持续完善，这也是华为很多产品在没有任何名气以及背景的情况下能够慢慢打开市场的原因之一。

早在2001年，《华为人》报总第117期上就发表了一篇题为《最好“黑脸”，铸华为品牌》的文章，意在表明华为对质量的重视。文章指出：“测试人员要不捂盖子，把好产品质量关。企业存在的理由是提供客户需要的产品和服务。研发存在的理由是以客户为导向，开发出高质量的产品，为客户创造价值。测试存在的理由是对客户负责，发现产品中的质量问题，严格把牢质量关。公司已经赋予测试人员扮‘黑脸’的职责，所谓‘黑脸’，就是铁面无私，不妄私情，严格按流程和规范做事，对不符合质量规范的行为敢于说‘不’。质量工作需要全体员工的参与，是铸造华为品牌的必经之路，是实现我们价值的必然选择。”

华为对质量的重视由来已久，现在也只会更加注重质量。在互联网的传播下，产品出现质量问题的消息会被迅速传播开来，对企业的产品销售造成不良影响，哪怕只是一个小小的问题，都会影响企业的诚信。面对质量问题，没有讨价还价的余地，企业要下狠心，不能妥协，不能因为质量问题而砸了自己的招牌，像上述案例中的那篇文章所说的，要“铁面无私，不妄私情”。

6.2 发扬工匠精神，不断完善产品

以质取胜，需要企业有工匠精神，还要发扬光大，做一行，爱一行。华为经常说“板凳要坐十年冷”，甚至是二三十年才能有回报，体现的是持之以恒的进取精神，不断改进、提升自我，让研发的产品具有持续的竞争力。对待产品质量，就要有这种执着的精神，保持专注，追求“零缺陷”。华为消费者业务CEO余承东就曾对外界表示：“对华为来说，质量就如同企业的自尊和生命。自华为成立以来，就以‘工匠精神’来衡量产品，追求真正的‘零缺陷’。”

2016年，在巴塞罗那世界移动大会期间，任正非在一场小型恳谈会上也

讲道：

“我们要向日本、德国、瑞士学习，发挥工匠精神，就是要踏踏实实地做东西。日本有个小公司研究螺丝钉，几十年就研究一个螺丝钉，他把螺丝钉做到不会松开。全世界的高铁、飞机、高速运转的设备都用他的螺丝钉。”

任正非之所以提倡学习日本、德国等国家的工匠精神，是因为世界上现存的超过 200 年的企业大多在这些国家。正因为有对产品精益求精的执着精神，才使这些企业“长寿”，中国企业要想在全球化的过程中成为这类“长寿”企业，就应该学习和发扬工匠精神。

华为对待产品也是比较执着的，以华为手机为例，华为能够打开高端市场，在国内外市场受到好评，拿下不少奖项，就是因为华为的研发、生产人员对产品精益求精，对一些细小的问题也绝不会放过。

2014 年，定位高端市场的华为 Mate 7 手机问世，众多创新设计使这款手机一经亮相便畅销全球。为了研发出适合市场需求的手机，华为在 Mate 7 正式面世前，经过了多次反复论证和调研，推翻了一个又一个产品方案。尽管这些方案都是研发团队的心血，但只要有一点不满意，就会被推翻。生产过程中，哪怕是 0.1 毫米的尺寸改动，或者是万分之一的潜在版面失效设计，都必须做到完美，最后才呈现出了这款成功打开高端市场的手机。

继华为 Mate 7 后，华为于 2015 年底又推出了华为 Mate 8，这款手机在品质上更加显示出了华为人追求工匠精神的执念。凭借良好的品质，这款产品在发售不到一个月的时间内，销售量就超过了 100 万台。2016 年在美国拉斯维加斯举办的国际电子消费展上，华为 Mate 8 还斩获了 13 个奖项。

虽然 2017 年，华为手机在网络上爆出过一些小问题，但是华为正确的处理态度，以及对其他产品质量的把控，也让其手机销量在国内处于领先地位，在全球市场稳坐前三的位置，这些成绩都与华为对质量的严格把控不无关系。

一个品牌形象的建立最关键的就在于产品的品质是好是坏，对消费者负责，为消费者打造高质量的产品是树立品牌形象的必经之路。华为手机品牌树立的过程就是一个不断完善品质的过程，只有对产品保持专注，才能吸引忠实的客户。为了提高创新，保证产品的质量，华为每年还将销售收入的 10% 以上投入研发。

7. 积极打造一家全球化的企业

在经济全球化的时代，企业的发展也应跟上时代的步伐，适应国际市场的规则，建立国际化的管理标准。因为每个国家的市场都有所不同，要想在全球各国的市场上增加产品销售量，就必须遵守国际市场规则以及所在国的法律法规。华为在发展中，就经历了漫长的国际化过程，这让华为成功打开了国际市场，在一些国际巨头的眼皮底下发展壮大。

7.1　华为是一家全球化公司，而非中国公司

如今，华为的收入有一半以上来自海外市场，这是其他中国企业无法做到的。华为之所以能够做到，是因为他们很早就开始开辟国际市场，并且积极调整企业的发展方向以适应在不同国家的发展。当很多国家的客户对来自中国的公司抱有廉价、低劣等印象时，华为用实力和国际化的工作标准征服了一个又一个客户，证明了自己。

曾经有人与华为瑞士公司的负责人聊天，问华为的这位外籍员工，他在一家中国公司里工作感觉如何，负责人回答道，华为并不是一家中国公司。这个回答让在场的中国人颇为惊讶，有人将这位华为瑞士公司负责人的话转告给任正非后，他也回答说，华为的确是一家全球化公司，而非中国公司。

华为对外宣称自己是一家全球化公司，而不是一家中国公司，这并不是说华为不重视中国市场，而是华为在多年的学习和变革中，已经建立了一套国际化的管理标准，并且适应了全球化发展的需要。华为的业务遍布全世界，

如果当初仅仅作为一家中国公司，而不是向一家全球化公司转变，华为在海外市场很难取得今天这般成绩。很多中国公司走出国门后经常碰壁也是因为不能适应国际市场的规则。

华为的全球化取得成功还在于其积极培养和吸收适应全球化发展的人才，关注不同地区客户的不同需求。

华为 18 万员工遍布全球各地，在全球设立了 16 个研发中心，吸收当地最优秀的资源和人才，提高华为的创新能力，跟上全球化发展的步伐，为客户打造极致的产品。华为还在全球与客户建立了 36 个联合创新中心，以全面了解最终客户的需求，提高客户满意度。此外，经过多年的努力，华为已经能够为不同国家的客户提供有针对性的服务，其产品及解决方案已经应用于全球 100 多个国家。

在品牌宣传与推广方面，华为也致力于打造全球顶级水平的营销，在营销方式上不断创新，针对不同的市场推出不同的有创意的营销方案。在面向全球市场做推广时，也与在全球有影响力的企业合作，提升产品的品位和在消费者心中的知名度。

华为 P10 系列旗舰手机正式面向市场后，华就开始了全球级别的营销。华为曾与全球最顶尖的时尚杂志 *VOGUE* 合作，举办了一场名为“翻拍百年经典照片”的活动，使华为 P10 手机中的徕卡人像艺术摄影品质通过这次活动得以展现，并进行全球性的展示，使全球消费者都能体验到。

此外，华为还与英国萨奇画廊合作，举办了一场名为“从自拍到自我表达”的自拍艺术摄影展，以一场艺术活动来展示华为 P10 手机在摄影上的优势。通过这些活动，华为升华了产品，提升了品牌形象，在消费者参与体验的过程中，也增加了消费者的共鸣。这也不是华为第一次这么做，华为手机在选择全球代言人时，也会选择在全球范围有知名度的名人代言。

虽然华为是一家从中国走出去的公司，但是在多年的国际化过程中，早已成为一家全球化公司。这一点从华为的营销策略，以及华为在全球范围内积极参加行业活动中可以看出。

7.2 “全球化”与“本土化”并不冲突

企业既要适应全球化的发展，在不同的市场又要适应本地的风俗文化，如何平衡二者就成了在不同市场取得成功的关键。有些人认为企业的全球化与本土化是相冲突的，其实不然，本土化意味着要遵守所在国的法律法规，雇佣本地员工，但在本地市场上出售的产品也都要整合到全球价值链中。

2014年，华为轮值CEO胡厚崑在APEC（亚太经合组织）工商界论坛上的发言中，和与会者分享了华为对“全球化公司”和“本地化公司”二者之间关系的看法。胡厚崑在发言中指出，在现在的商业环境中，信息高度发达，资源可以在全球范围内流动，“全球化”与“本地化”的概念在如今的商业实践中应该是高度统一的。他还表示，华为在商业实践会将“全球化”与“本地化”统一起来，整合全球优秀资源，帮助本地化产品创造出全球化价值。

胡厚崑在发言中也指出：“本地化不仅仅意味着本地雇佣、本地纳税和提供适合本地需求的产品。更高层次的本地化应该是通过与本地优秀企业进行产业分工合作，将他们的创新能力整合到华为的全球价值链，并通过这个价值链将本地的创新成果推广到全球，使本地创造真正发挥出全球价值。”

任何一家全球化公司，都要适应不同本地市场的需求，提供差异化的产品和服务，这样才能在全球各地打开市场。但如果没有全球化的经营理念作为支撑，本地化也难以融入全球化的大潮，因此，全球化与本地化并不冲突。

华为在海外本地市场上的成功，就在于能够将全球市场视为统一的市场，并且让每个本地化的市场上创造的价值都能在全球范围内被分享。

欧洲市场是华为除中国本土以外的第二大市场。不少华为人认为，华为能打破欧洲人对中国产品低价、劣质的印象，就在于华为能够做到以世界为中心，实现本土化。为了保证在欧洲市场的发展，华为在伦敦建立了全球财务风险控制中心，在匈牙利建立了供应中心，在意大利建立了微波中心，在德国慕尼黑建立了“德国工程能力中心”等。其中，位于匈牙利的欧洲供应中心是华为除了深圳以外建立的最大的物流中心，本地员工超过80%。这个供应中心的多种主流产品源源不断地以最快的速度发往欧洲、中亚、北非等地区。华为的布局也让其在欧洲多个国家的本地化过程中收获了大片市场。

从以上案例可以看出，华为在全球各个本地市场取得的成功，与其全球化的发展方向和布局，以及本地化都有着密切的关系，任何一个本地市场的成功，都有全球市场作为支撑，源源不断地提高人才素质、资源等。